每天懂点人情世故

融智 编著

中国民族文化出版社

北　京

　　20岁到40岁是人一生中的关键时期，这个人生阶段你会经历很多大事，涉及职场、婚姻等，你会与机会不期而遇，也会遇到许多挑战。面对人生的丰富多彩，你需要选择正确的努力方向，掌握必备的人生经验。

　　如果没有智慧，会在激烈的竞争中惨遭淘汰；如果没有目标，会在积淀人生的旅途中迷失自我；如果没有能力，会在实现自我价值的征程中举步维艰。20岁是人生的起步阶段，一些重要的人情世故若不懂，会让你走上弯路，与成功无缘；待到年老时懂了，却只能暗自悔恨。所以说，懂点人情世故，会让人走得更从容顺遂。

　　如果读过《刀锋》这本书，就会知道这世上有很多种生活方式，不管怎么选择，只是占了其中一种而已。20岁以后的人生应该如何度过？或许你现在并不在意，但是这却决定着你的人生轨迹。早认清这一点，获得成功的机会就多一分。

　　每个人都希望拥有好的发展、光明的前途。有思想才有方向，有方向才有目标。《每天懂点人情世故》旨在帮助你找对努力的方向，尽可能多地掌握为人处世的关窍，为踏入社会做最充足的准备，闯出一片属于自己的天地。

　　书中的内容涵盖了如何迎接人生的挑战、如何维护人脉关系、如何管理好手中的钱、怎样跨越人生的障碍、怎样拥有自信等等；以期协助你由内到外提升个人品位，在人生的转折点上认清方向，做出明智的选择，从而收获美满的婚姻、和睦的家庭、幸福的生活和成功的事业。

　　每天懂点人情世故，每一条做人的道理都能为你的生活增添光彩，每一份处事的经验都能让你的生命更有价值；时时鼓励你调整心态，砥砺人生；时时激励你积极进取，直至成功。

第一章 读懂人生，才能成就一生

第二章 多想一步，一切皆有可能

第七章 没有永远的失败，只有暂时的不成功

第八章 每个人其实都有过机遇

第九章　18 岁以后，做最好的自己

第十章　成功要趁早

第一章 读懂人生，才能成就一生

人生的难题有很多，有的令人生畏，有的棘手难处理。事实上，许多难题都是"纸老虎"，只要付出行动就可以戳破它。

对人生多一些反思，生活会少一点盲目

一个名叫"我"的人做了个梦。

"我"在梦中见到了上帝。

上帝问"我"："你想问什么？"

"我"说："我很想采访你，但不知你是否有时间。"

上帝笑道："我的时间是永恒的。"

"你感到人类最奇怪的是什么？"

上帝答道："他们厌倦童年生活，急于长大，而后又渴望返老还童；他们牺牲自己的健康来换取金钱，而后又用金钱来恢复健康；他们对未来充满忧虑，但忘记了现在；他们既不生活于现在之中，也不生活于未来之中；他们活着的时候好像绝不会死去，但是死去以后又好像从未活过……"

上帝握住"我"的手，"我"沉默了片刻。

"我"问道："作为长辈，你有什么生活经验要告诉子女的？"

上帝笑着答道："他们应该知道，不可能取悦所有人，他

们所能做的只是让自己被人所爱；他们应该知道，一生中最有价值的不是拥有什么东西，而是拥有什么人；他们应该知道，与他人攀比是不好的；他们应该知道，富有的人并不是拥有最多的，而是欲求最少的；他们应该知道，在所爱的人身上造成创伤只要几秒钟，但是治疗这创伤却要花几年的时间；他们应该知道，金钱可以买到很多东西，却买不到幸福；他们应该知道，两个人看同一个事物，会看出不同的东西；他们应该知道，得到别人的宽恕是不够的，还需要被自己宽恕；他们应该知道，我始终存在。"

人生顿悟

反思令人知得失，明进退，不必总是马不停蹄地奔跑，偶尔停下来思考人生，或许这样更能明白生活的真谛。

不完美才是人生，不必追求完美

奥里森希望找到完美的人生，他有幸遇到了一位女士，她告诉奥里森，她能帮他实现愿望，并把他带到了一所房子前让他选择他的命运。

奥里森谢过了她，走进这所房子。

房子里有两个门，一个门上写着"终生的伴侣"，另一个门上写的是"至死不变心"。奥里森忌讳那个"死"字，于是迈进了第一个门。接着，他又看见两个门，左边写着"美丽、年轻的姑娘"，右边是"生活经验丰富的大龄熟女、寡妇"。

结果可想而知，左边的那扇门更能吸引奥里森。可是，进去以后，又有两个门。上面分别写的是"苗条、标准的身材"和"微胖，体形稍有缺陷"。用不着多想，奥里森更中意苗条的姑娘。

奥里森感到自己好像进了一个庞大的分拣器，在不断地筛选着。他接下来面对的是未来伴侣操持家务的能力，一扇门上是"爱织毛衣，会做衣服，擅长烹调"，另一扇门上是"爱打扑克，喜欢旅游，需要保姆"。当然，爱织毛衣的姑娘赢得了奥里森的心。

他推开了门，岂料又遇到两个门。这一次，令人高兴的是，各位候选人的内在品质也都被分了类，分别是："忠诚，多情，缺乏经验""有天赋，极为聪明"。

奥里森确信，他自己的才能足以应对婚后生活，于是迈进了第一个房间。里面，右侧的门上写着"疼爱自己的丈夫"，左侧写的是"需要丈夫随时陪伴"。奥里森当然需要一个疼爱他的妻子。下面的两个门对奥里森来说是极为重要的抉择，上面分别写的是"有遗产，生活富裕，有一幢漂亮的住宅"和"凭工资吃饭"。

理所当然，奥里森选择了前者。

奥里森推开了那扇门，天啊——他回到这房子的大门前了！一位身穿浅蓝色制服的门卫向奥里森走来。他什么话也没有说，彬彬有礼地递给奥里森一个玫瑰色的信封。奥里森打开一看，里面有一张纸条，上面写着："您已经挑花了眼。人没有十全十美的。在提出要求之前，应当客观地认识自己。"

人生顿悟

虽然人生必有不足，但正因不完美才让人有盼头，有希望。人生不如意事十之八九，聪明的人常想一二。

理一理恐惧清单，原来都是自己吓唬自己

平凡的上班族迈克·英泰尔，在 37 岁那年做了一个疯狂的决定，放弃薪水优厚的记者工作，把身上仅有的 3 美元给街角的流浪汉，只带干净的内衣裤，从加州出发，依靠搭便车与陌生人的帮助，横越美国。

他的目的地是美国东海岸北卡罗来纳州的恐怖角。

这是他在精神几近崩溃时做的仓促决定。某个午后，他忽然哭了，因为他问了自己一个问题："如果有人通知我今天死期到了，我会后悔吗？"答案非常肯定。虽然他有不错的工作，有美丽的女友，有至亲好友，但他发现自己这辈子从来没有下过什么赌注，平顺的人生从没有高峰或谷底。

他为自己懦弱的前半生而痛哭。

一念之间，他选择了北卡罗来纳州的恐怖角作为最终目的地，借以象征他征服生命中所有恐惧的决心。

他检讨自己，很诚实地为自己的恐惧开出一张清单：打小

他就怕保姆，怕邮差，怕鸟，怕猫，怕蛇，怕蝙蝠，怕黑暗，怕大海，怕城市，怕荒野，怕热闹又怕孤独，怕失败又怕成功，怕精神崩溃……他几乎害怕所有的事情，却"英勇"地当了记者。

动身前，这个懦弱的 37 岁男人还接到祖母的字条："你一定会在路上被人欺侮。"但他成功了。

4000 多英里（6400 多千米），78 顿餐，仰赖 82 个陌生人的帮助。没有接受过任何金钱的馈赠，在雷雨交加中睡在潮湿的睡袋里，几个像公路分尸案杀手或抢匪的家伙使他心惊胆战，在游民之家靠打工换取住宿，住过几个陌生的家庭，碰到过患有精神疾病的好心人……他终于到了恐怖角，接到女友寄给他的信用卡（他看见那个包裹时恨不得跳上柜台拥抱邮局职员）。他不是为了证明金钱无用，只是想用这种正常人难以忍受的艰辛旅程让自己面对所有的恐惧。

恐怖角到了，但恐怖角并不恐怖。"恐怖角"这个名称，是由一位 16 世纪的探险家取的，本来叫"Cape Faire"（"仙女角"），被讹传为"Cape Fear"（"恐怖角"）。这只是一个误会！

迈克·英泰尔终于明白："'恐怖角'这名字的误会，就像我自己的恐惧一样。我现在明白了，我一直害怕做错事，我最大的耻辱不是恐惧死亡，而是恐惧生命。"

花了 6 个星期的时间，到了一个和自己想象中差异如此巨大的地方，他得到了什么？他得到的不是目的，而是过程。

人生顿悟

人生的难题有很多，有的令人生畏，有的棘手难处理。事实上，许多难题都是"纸老虎"，只要付出行动就可以戳破它。

在绝境中，我们才能感受到真正的自己

父亲狄克带着儿子布莱克在山间漫游，借着山水当中的灵秀之气，父亲不断地在智慧及灵性上开导布莱克。

突然，布莱克一声惊叫，指着远方急切地喊道："爸爸，您看——"

狄克一眼望去，看到一只狼正全力追着一只兔子。

布莱克当下便问道："爸爸，要不要救救那只兔子？我看它跑得好可怜。"

狄克笑了笑，说："不急，我出个题目，你猜：这只狼能不能追上那只兔子呢？"

布莱克想了想，回答道："应该很快就追上了吧。"

狄克正色道："不对，这只狼追不上兔子。"

布莱克诧异地问："为什么？"

狄克说："那是因为狼所在乎的，只不过是一顿午餐，追不上兔子它可以转而再捕食别的动物。但是对兔子而言，那就

大大不同了，它若是被狼追上，自己的性命就玩完了，当然会拼尽全力逃命。所以我说，狼追不上兔子。你看吧——"

布莱克转身一看，果然如父亲所说的，狼与兔子之间的距离越来越远。到最后，狼放弃了追兔子，转过头去另寻其他的食物了。

布莱克在佩服父亲的预判之余，又想到一个问题："爸爸，照这么说来，狼明知追不上兔子，那么一开始，它又为什么要去追呢？"

狄克摸着布莱克的头，说："也不能说狼永远追不上兔子，只要狼群一起行动，兔子跑得再快，还是逃不出它们的围捕。也许那只狼在开始追兔子时，也希望能得到伙伴的支援吧。"

人生顿悟

希腊的德尔菲神庙石柱上刻有这样一句话——"认识你自己"。当你不断攻克难关、创造奇迹时，你会发现你本身就是一个奇迹。不断地追求更好，生命的意义就在这一步步的自我超越中得到升华。

有些真相还是不知道为好，了解越多内心越烦乱

一名男子百无聊赖地在大街上闲逛。

他看到有一家商店的橱窗里什么也没有，想看看这家商店到底是卖什么东西的，便把脸贴在玻璃上使劲往里看，只见货架的牌子上写着各种各样的真相。

他感到很奇怪，便走了进去。

在一个柜台前，他向女店员问道："这是卖'真相'的商店吗？"

女店员答道："是的，先生，您要买什么真相？部分真相，相对真相，统计真相，还是完全真相？"

他没有想到会有一个能买到真相的商店，感到很有意思。太多的欺骗、隐瞒、谎言和假货使他伤透心了，于是他不假思索地说道："我要买完全真相。"

于是，女店员把他带到另一个柜台前，那里有一名男店员。他对表情严肃的男店员说："我要买完全真相。"

　　"对不起，先生，您知道买完全真相要付出什么代价吗？"男店员问道。

　　"不知道。"他嘴上这样说，可是心里想，为了买到完全真相，不论什么代价他都愿意付出。

　　男店员告诉他，如果他要买走完全真相，需要付出的代价是自己永生不得安宁。他听后大吃一惊，没有想到买真相要付出如此巨大的代价，于是急匆匆地走出了商店。

　　他有些悲哀地意识到，他毕竟还需要一些谎言和借口把某些事情隐藏起来，他还没有勇气直面所有赤裸裸的真相。

人生顿悟

　　俗话说"眼不见为净"，又说"知道得越多越危险"。人生的许多事情一旦拆穿就没有意思了，很多时候，要适当地"视而不见"。

命运，从不怜惜眼泪

感叹命运弄人的往往泪水涟涟，但是，命运从不会因眼泪而改变。

作为一位著作丰硕的作家，金岱教授一直在思考与写作，即使在双目几近失明的情况下也没有中断。二十几万字的小说《晕眩》就是他在经受病痛的折磨，视力十分微弱的情况下创作完成的。在创作长篇小说《精神隧道》三部曲的最后一部《心界》时，他已失去视力，然而他没有流泪、怨恨；在以旁人无法想象的耐心和恒心学会了电脑盲打之后，他历经 7 年完成了整部小说。

金岱教授写过这样一段话："眼睛看不见，在黑暗中摸索写作，有许多的不方便；但我们一生中，总会遇到许多的困难，必须设法克服，一个人只要不自我设限，就没有什么困难可以限制他。"

命运不是虚无的风，来无影去无踪；命运不是缥缈的云，那么高远，变幻莫测。命运是你可以操纵的风筝，因为牵引它的线绳就在你的手中；命运是你可以掌握的扁舟，因为它的双桨就在你的手里。

命运不是绝对的，在弱者的生活中，它是忧愁、苦涩的；在强者的生活中，它如同一杯烈酒，饮之虽辛辣无比，却酣畅淋漓。

人生顿悟

生活中，我们似乎每天都在接受命运的安排，但实际上，是我们每天都在安排自己的命运。

第二章

多想一步，一切皆有可能

古人说："凡事须三思而行"。在说话、行动前多思考，这样的人才有希望打开命运之锁，跨进幸运之门。在不甘平庸、勤于动脑的人那里，没有什么是不可能的。

漫无目的地努力，只不过是原地打转而已

法国自然学家约翰·亨利·费伯勒，用一些毛虫做了一次不同寻常的实验。这些毛虫喜欢盲目地追随前边的毛虫，所以得了"宗教游行毛虫"这个名字。

费伯勒很仔细地将它们放在一个圆形花盆的边沿上，让它们排成一圈，这样，领头的毛虫会碰到最后一只毛虫。在花盆中间，他放了这种毛虫爱吃的食物。

这些毛虫开始围着花盆转圈。它们转了一圈又一圈，一小时又一小时，一天又一天，一晚又一晚。它们围着花盆转了整整七天七夜。最后，它们全都因饥饿而死。

一大堆食物就在不远的地方，它们却一个个地饿死了。原因很简单，只是因为它们全都按着以往习惯的方式盲目行动。

费伯勒的笔记本里有这样一句话："在那么多的毛虫中，如果有一只与众不同，它就能领着它们改变命运，远离死亡。"

哈佛大学有一个非常著名的关于目标对人生影响的跟踪调

查研究。该研究的调查对象是一群智力、学历、环境等条件都差不多的年轻人，他们当时的情况是这样的：

27% 的人，没有目标；

60% 的人，目标模糊；

10% 的人，有清晰但比较短期的目标；

3% 的人，有清晰且长期的目标。

25 年后，跟踪调查的结果十分有意思。

那些占 3% 有清晰且长期目标的人，25 年来几乎不曾更改自己的人生目标，始终朝着既定方向不懈地努力；25 年后，他们几乎都成了所在领域的成功人士。

那些占 10% 有清晰短期目标的人，大都跻身中产阶层。他们的共同特点是，那些短期目标不断被达成，生活状态稳步上升，成为所在行业、领域中不可或缺的专业人士，如医生、律师、工程师、高管等等。

人生顿悟

没有目标，就做不成任何事情；目标渺小，就做不成任何大事。若是没有任何目标地活在世间，就像一棵小草漂在河中，那不是在世间行走，而是随波逐流。

心中要有具体的目标，它让我们有前进的动力

1950 年，弗洛伦丝·查德威克因成为第一个成功横渡英吉利海峡的女性而闻名于世。

两年后，她从卡德林那岛出发游向加利福尼亚海滩，想再创一项纪录。

那天，海面浓雾弥漫，海水冰冷刺骨。在游了漫长的 16 个小时之后，她已冻得嘴唇发紫，全身筋疲力尽而且还出现一阵阵战栗。她抬头眺望远方，只见眼前雾霭茫茫，陆地似乎还十分遥远。

"现在还看不到海岸，看来这次无法游完全程了。"她这样想着，觉得身体已经累到极限，连再划一下水的力气都没有了。

"把我拖上去吧！"她对随行小艇上的人说。

"咬咬牙，再坚持一下。只剩 1 海里（1852 米）远了。"艇上的人鼓励她。

　　"别骗我。如果只剩1海里，我就应该能看到海岸。把我拖上去，快，把我拖上去！"

　　于是，浑身瑟瑟发抖的查德威克被拖上了小艇。

　　小艇开足马力向前驶去。她裹紧毛毯喝完一杯热汤的工夫，褐色的海岸线从浓雾中显现出来，她甚至能隐隐约约地看到海滩上欢呼着等待她的人群。

　　此时查德威克才知道，艇上的人并没有骗她，她距离成功确确实实只有1海里。她十分沮丧，懊悔自己没能咬咬牙再坚持一下。

人生顿悟

　　没有希望就等于没有目标，人会因此失去奋斗的动力，甚至生活的勇气。心中有了希望，再加上一点坚持的耐心，终会冲出黑暗，迎来光明。

凡事不三思，就会掉进思维的陷阱

生活中，许多人面对问题时，常不假思索，以为不过如此。少了一份冷静、一点留心、一些质疑，我们极易掉进思维的陷阱。

据说，国际象棋是古代印度舍罕王的宰相西萨发明的。他把这个有趣的娱乐品进贡给国王。

舍罕王大喜之余，打算重赏西萨。

西萨向国王请求说："陛下，我想向您要一点粮食，然后将它们分给贫穷的百姓。"

国王满意地点点头。

"请您派人在这张棋盘的第一个小格内放上一粒麦子，在第二格放两粒，第三格放四粒……照这样下去，每一格内的数量是前一格的两倍。陛下，把这些摆放在棋盘上64个格的麦粒都赏赐给您的仆人吧。我只要这些就够了。"

当时，所有在场的王公大臣一想到仅用一小碗麦粒就能填满棋盘上的几十个方格，都不禁笑了起来，都认为西萨太傻了，连国王也不例外。于是，国王痛快地答应了这个看起来微不足道的请求。

随着放置麦粒的方格不断增多，搬运麦粒的工具也由碗换成盆，又由盆换成箩筐。

即使到这个时候，大臣们还是笑声不断，直至有人提议不必如此费事了，干脆装满一马车麦子给西萨就行了。

渐渐地，喧闹的人们安静下来，大臣和国王都惊诧得张大了嘴：因为，即使倾尽全国所有，也填不满下一个格子了。

今天，我们都知道事情的结局：国王无法实现自己的承诺。那是一个天文数字。

可见，很多时候，自作聪明只会招致麻烦和懊悔。

古人说，三思而后行，这并非胆小怕事、瞻前顾后，而是成熟、负责的表现。

人生之中不免遭遇种种难题，这时，必须全方位地考虑，拿不准时多听听他人的意见，有好处。

人生顿悟

古人说"凡事须三思而行"。在说话、行动前多思考，这样的人才有希望打开命运之锁，跨进幸运之门。

多想一步，一切皆有可能

　　许多时候，多用用大脑，生活中会出现惊人的奇迹。

　　下班后，一家百货公司的经理询问一名新入职的售货员："你今天服务了多少个顾客？""1个。"售货员回答。"只有1个！"经理说，"你的营业额是多少呢？"售货员回答："5万美元。"经理大吃一惊，让他详细说说。

　　"首先我卖给他一个鱼钩，然后卖给他钓鱼竿和渔线。接着我问他在哪儿钓鱼，他说在海滨，于是我建议他准备一艘小汽艇，于是他买了一艘20英尺（约6米）长的快艇。当他说他的轿车可能无法带走快艇时，我就带他到汽车部，卖给他一辆大一点儿的汽车……"

　　经理惊讶地说："你居然卖了这么多东西给一位只想买一个鱼钩的顾客？"

　　售货员回答："不，他只是为治他妻子的头痛来买一瓶阿司匹林的。我告诉他，夫人的头痛，除了服药，似乎更应该注意放松。周末快到了，你可以考虑带她去钓鱼。"

跳出以自我为中心的思维模式，从别人的角度去考虑问题，自己也可能有意想不到的收获。

安德鲁·福克斯年轻时热衷于出入纽约高档俱乐部，为了省钱，他想方设法蹭票。有一天他突然问自己："为什么不直接与俱乐部老板协商，给那些热衷于过夜生活又想省钱的消费者优惠呢？"没想到这一简单的主意给他带来了巨额财富。

很快，通过他的网站，人们不仅可以享受美国各大俱乐部的优惠服务，还能找到各地的旅游信息。短短几年，他网站的营业额就达到2200万美元。

1983年，年幼的约瑟夫·萨姆皮维夫患上了糖尿病，不能吃含糖过多的冰激凌。为了解馋，他为自己做了个不含糖的冰激凌。15岁时，他已经研制出好几种不含糖的甜点。

在美国，胖人很多，这种低糖食品非常受欢迎。约瑟夫尝试着把自己研制的甜点拿去卖，取得了巨大成功。几年后，他就开发了40多种无糖食品，畅销全美，每年的销售额超过1亿美元。

人生顿悟

在不甘平庸、勤于动脑的人那里，没有什么是不可能的。

幸运需要换一种思维

在智者眼中，成功与幸福也有捷径可寻。

一位教授给他新招的4个研究生出了一道题：一只杯子里有非常贵重的液体，但杯壁上有一个漏洞，如何使液体不流出来？

A学生说用激光枪焊补；B学生说可以利用吸引力的原理发明一种吸嘴，吸上去很牢靠；C学生说只要把杯子斜放一下，液体就不会流出来；D学生说，我没有去想办法，但我愿出50美元购买他们的点子。

D学生看似没想办法，但实际上用了一种高明的方法。

他的做法，不由得让人想起比尔·盖茨的一番话："在公司里，编软件自己编不过微软的高手，经营比不过公司里的理财顾问，管理比不过公司里的行政主管。如果把我们公司里的20个顶尖人才挖走，那么我告诉你，微软会变成一家无足轻重的公司。"看来一个有智慧的成功者，是善于网罗众多智慧于一身者，是无功之功者。

在某地，中国、泰国、澳大利亚的大米，声誉都不错——中国大米香，泰国大米嫩，澳大利亚大米软；三者各有特色，各具优势。但奇怪的是，三者都销量平平，或许是特色太突出而难以吊人胃口吧。一位米商很发愁，思考如何改变这种状况。

一天，米商突发奇想，将三种米混合起来如何？他在自家试着煮来吃，味道好极了。于是，他自己"加工""三合米"出售，果然得到了广泛的认同，他的生意十分火爆。

三米合一，十分简单，却耐人寻味。它的神奇之处在于共生共存，取长补短——三优相加长更长，三短相接短变长；三者杂处，长处互见，短处互补。

由此，我们可以想到鸡尾酒，想到酱醋辣三味合一的调味品，想到农业上的复合肥，想到医药上的复方药……

第一次世界大战后，美国人华莱士面对越来越多的报纸杂志，产生了将各种报刊中最优秀文章的精华汇集在一本刊物里的想法，并很快付诸实施。《读者文摘》创刊后，大受欢迎，获得巨大成功，仅在美国就发行近千万册，还被翻译成10多种文字在全球发行。在我国，此类报纸杂志也很受欢迎。

生活中，换一种眼光，换一个角度，幸运可能就在不远处等你。

人生顿悟

时常让头脑转弯的人，总是最先与幸运女神相遇。

冲出思维定式，方有别样风景

生活中，大多数人遇到问题时，总是自觉或不自觉地沿着以往熟悉的方向和路径思考，鲜少另辟新路，这叫思维定式。它是人生突围的思想枷锁，是一种"顽疾"。

一天，爱因斯坦应邀去斯坦福大学演讲，学生们兴奋异常，每个人都准备好了笔和本，以便记下这位伟大科学家的每一句教诲。

然而，和他们想象的不同，爱因斯坦没有带演讲稿，甚至连一支笔也没带。

演讲开始了，爱因斯坦没有长篇累牍地讲述自己的成功经历，而是给学生们出了一道题。

他说："有两名工人，他们同时从烟囱里爬了出来，一个是干净的，一个是肮脏的。请问他们谁会去洗澡？"

学生们纷纷回答："当然是肮脏的工人会去洗澡。"

爱因斯坦反问道："是吗？干净的工人看到肮脏的工人，

他会认为自己身上一定也很脏；而肮脏的工人看到干净的工人，可能就不这么想了。我再问问你们，哪个工人会去洗澡？"

马上有学生说："干净的工人会去洗澡。"

在场的所有同学一致点头，都认同了这一答案。

爱因斯坦一笑："你们又错了。理由很简单，两个工人同时从烟囱里爬出来，怎么可能一个是肮脏的而另一个却是干净的呢？"他接着说："其实人与人之间并没有太大的差别，尤其是你们这些坐在同一间教室里，受着相同教育，学习都非常努力的年轻人，你们之间的知识差异更是微乎其微。之所以有的人最终能脱颖而出，是因为他们没有因循前人的足迹，而要想做个与众不同的人，就必须跳出习惯的思维定式，抛开人为的布局，敢于去怀疑一切。'世上没有绝对的真理'，这就是我要对你们说的所有的话。"

爱因斯坦的演讲无比精彩，他告诫我们：要收获幸福，赢得成功，需要更新头脑。

比如，我们都看魔术表演，其实并非魔术师有什么特别高明之处，而是我们的思维过于因袭原有思维的惯性，想不开，想不通，所以上当了。比如，人从扎紧的袋里奇迹般地出来了，我们总是习惯于想他怎么能从扎紧的布袋上端出来，而不是想到布袋下面可以做文章，可以在那里装拉链。

在人生旅途中，若是经年累月地按照一种既定的模式运行，不尝试走别的路，就容易生出疲乏之感。不换思路，生活也会让人感到乏味。

不少人走不出思维定式，所以他们走不出宿命般的可悲结局；而一旦走出了思维定式，也许可以看到许多别样的人生风景，甚至可以创造新的奇迹。因此，从舞剑可以悟到书法之道，从飞鸟可以造出飞机，从蝙蝠可以联想到电波，从苹果落地可发现万有引力……换个位置，换个角度，换个思路，也许会走进一个新的天地。

人生顿悟

走出思维定式，也许可以看到无数别样的人生风景，甚至可以创造新的奇迹。

找对方法，方可走出死胡同

人们常说："找对方法做对事。"只有善于主动思考、掌握方法的人，才可能在困境中获得人生的转机。请看下面这几个故事。

故事一

"二战"时，一名德军反间谍部门的高级教官被美军俘虏。美国人软硬兼施，却不能从他口中挖出什么信息，便将他送到一所美国的间谍学校，强迫他听一个美国教官讲课。高傲的美国教官讲述的内容错误百出。德军教官听得生气，忍不住当众纠正美国教官的说法，并谈了德国情报机构的做法。于是，美国人轻松地达到了审讯中未达到的目的。

故事二

20 世纪 60 年代，美国一家汽车公司为了推销积压的汽车，把肉眼无法看到的刮痕用绷带贴着，犹如一块补丁，使车子的缺陷和毛病"昭然若揭"。所有的顾客都惊叹：只是有如此微不足道的刮痕就当次品车出售，想来这家公司对汽车品质的要求是很高的。于是，他们纷纷解囊，几百部积压车很快销售一空。

故事三

某饭店气派豪华，富贵典雅。开张时，经理因受一篇批评报道的启发，推出了 50 万元一桌的宴席及每间达 20 万元的"总统套房"。这种令人咋舌的价码遭到了传媒和公众的激烈批评，一夜之间，该饭店"臭名远扬"。这时，经理又出面公开道歉，并大幅降价，顿时宾客盈门。各地游客慕名而来，他们认为饭店迫于压力才如此"便宜"，自己花很少的钱就能享受"总统"待遇。实际上，下调后的费用并不低，经理的这一招让客人们开心地掏了腰包。

可见，在人生路上遇阻时，甩开老脑筋、旧思维的束缚，从寻常事物的侧面、反面去思考和行动，成功突围的概率将成倍增大。

人生顿悟

生活中，许多人并不缺少热情和汗水，他们欠缺的是正确的方法。找对方法，是步入幸福生活的关键。

第三章 放弃，是另一种选择

没有最好，只有更好。当机会来临，一味追求完美反而会错失良机。明智的人善于放弃微小利益，以获得更大的利益。人生要学会舍得，没有舍就没有得，所以要学着放下。这是生活的另一种选择。

面对抉择，犹豫是在虚耗生命

那时他还年轻，凡事都有可能。

一个清晨，上帝来到他身边："你有什么心愿吗？说出来，我都可以为你实现，你是我的宠儿。但是记住，你只能说一个。"

"可是……"他不甘心地说，"我有许多心愿啊！"

上帝缓缓地摇头："这世间的美好实在太多，但生命有限，没有人可以拥有全部，有选择就有放弃。来吧，慎重地选择，永不后悔。"

他惊讶地问："我会后悔吗？"

上帝说："谁知道呢。选择爱情就要忍受情感的煎熬，选择智慧就意味着痛苦和寂寞，选择财富就有钱财带来的麻烦。这世上有太多的人在走上一条路之后，懊悔自己其实该走另一条。仔细想一想，你这一生真正想要的是什么？"

他想了又想，所有的渴望纷至沓来，在他周围飞舞。哪一件是他不能舍弃的呢？他对上帝说："让我想想，让我再想想。"

上帝说："但是要快一点啊，我的孩子。"

从此，他的生活就充斥着比较和权衡。他用生命中一半的时间来列表，用另一半的时间来撕毁这张表，因为他总会发现有所遗漏。

一天又一天，一年又一年。他不再年轻了，他老了，他更老了。上帝又来到他面前："我的孩子，你还没有决定你的心愿吗？可是你的生命只剩下5分钟了。"

"什么?!"他惊讶地叫道，"这么多年来，我没有享受过爱情的快乐，没有积累过财富，没有得到过智慧，我想要的一切都没有得到。上帝啊，你怎么能在这个时候带走我的生命呢？"

5分钟后，无论他怎么痛哭求情，上帝还是满脸无奈地带走了他。

人生顿悟

没有最好，只有更好。当机会来临，一味追求完美反而会错失良机。

不同的选择，不同的人生

一天，在一座监狱门前，站着3个人。他们将一起在这里度过3年的时光。监狱长允许他们一人提一个要求。

甲爱抽雪茄，要了3箱雪茄；

乙非常浪漫，选择与爱人为伴；

曾是商人的丙提出，他要一部能够和外界沟通的电话。

3年很快就过去了。

第一个冲出来的是甲，他的手里抓着雪茄，身上塞满雪茄，一边跑，一边大声嚷嚷："给我火，给我火！"原来他入狱时忘了跟监狱长要火。

接着，乙和他的娇妻出来了。他左手抱着一个小孩，右手和妻子共同牵着一个小孩。他妻子挺着个大肚子——里边还怀着一个小孩。

最后出来的是丙，他快步走到监狱长面前，紧紧地握住他的手说："太感谢您了！在这里我学到了很多新的经商理念。

这3年，我能够时刻与外界保持联系，生意不但没有受损，反而多赚了两倍。"

丙挺了挺胸膛说："为了表示感谢，我要送您一辆奔驰汽车。"

人生顿悟

这个故事虽然有点夸张，但其中的道理非常深刻。人的一生会面临种种选择，要明白鱼与熊掌不可兼得；做决定一定要慎重，以免事后追悔莫及。

生命的旅途中，只取自己需要的东西

传说有座龙山出产彩石。这里的彩石非常美，远近闻名。有两个喜欢彩石的人，在一天早上，各自背了一个背篓，启程去龙山拣彩石。

两人走了大半天，才走到龙山。

这里的彩石真多啊，五光十色，千姿百态。

两人认真地挑拣。他们一个年长些，一个年轻些。年长些的叫"你"，年轻些的叫"我"。

"我"从没见过这么多的彩石，高兴坏了。"我"欢呼着，拣了一块又一块。

一路拣下去，到太阳落山的时候，"我"拣了满满一背篓。

可"你"却只拣了一块。

其实"你"也拣了好多，也有满满一背篓呢，可"你"把这些彩石放到了一起，从中挑了最精美的一块。

"我"和"你"在约定的地方会合了。"你"看到"我"背了这么一满篓子，笑了。"我"看到"你"背篓里只有一块，也笑了。

两个人踏上归途，那时太阳快落山了。

"你"背着背篓轻松地走，一路上走得轻松从容，不急不躁。

可"我"却不行了，刚开始还没觉着，走着走着就觉着沉，觉得累，就跟不上"你"的脚步。"我"只好挑背篓里不满意的彩石往外扔。扔一块，"我"就会心疼一次，就会惋惜地对"你"说，"你"看，这块彩石多美啊。

"你"就笑，看着前边的路对"我"说，丢了吧，丢了就轻松了。

走了一路，"我"也就丢了一路。"我"觉得这一路走得狼狈极了。回到城里时，"我"发觉背篓里只剩下可怜的几块。

"我"就望着"你"，"你"始终走得不紧不慢，悠闲从容。走了这么一段路，"你"没出一滴汗，不像"我"，出了一身汗。"我"非常羡慕"你"。"我"唯一感到欣慰的是，背篓里剩的彩石比"你"的多。

后来，这两个人就背着篓子，各自回家了。

又过了很久，他们都老了。某天黄昏，在一条小河边，他们相遇了。那时"你"领着老伴儿，老伴儿牵着"你"的手，两人在散步。"你"看到了"我"，"我"像只孤单的鸵鸟。

"我"对"你"一笑，说："活了这一辈子，累坏了，你看，我的背都驼了。"看着鹤发童颜的"你"，"我"问："你为什么活得这么年轻呢?"

　　"你"开始帮"我"分析原因。为了让"我"更好地理解，"你"问"我"："还记得很早以前咱们去龙山拣彩石吗？"

　　"我"说："怎么不记得呢。"

　　"你"问："知道你的背篓为什么沉吗？"

　　"我"说："我拣得太多，背了满满的一背篓。"

　　"你"又问："后来你为什么丢了呀。"

　　"我"说："太沉了，不丢，走不回家呢！"

　　"我"一脸惋惜，又说："那些石头太好了，我真不舍得丢下啊。"

　　"你"就笑了。"你"说："美的石头太多了，你都要拣着，这就是你活得累的原因啊。"

　　"我"不明白。

　　"你"说："人来到尘世，就好比咱们去龙山拣彩石，一路上，各种欲望、名利就好比一块块光彩夺目的彩石。你每块都想要，你的背篓越来越重，你就越来越累。所以说你走了一路，就累了一路，辛苦了一路。"

　　"我"明白了。"我"低下了头。"我"知道"你"说得太对了。猛地，"我"像想起什么似的问："你还记得你背篓里的那块石头吗？"

　　"你"说："记得啊，那是一块很精美的石头。"

　　"我"问："你那块彩石是什么呢？"

　　"你"知道"我"为什么这么问。"你"牵着老伴儿的手，另一只手抬起来为她理了理额前的碎发，说："那块彩石是爱情啊。"

人生顿悟

人生一世赤条条地来，孤零零地走，没有人能够把生前的名、利带走。既然如此，何不学会放下，让自己活得轻松一点呢？

舍得，有舍才有得

俗话说："万事有得必有失。"得与失就像小舟的两支桨，马车的两个轮，相辅相成。

佛家讲："舍得，舍得，有舍才有得。"

失去是一种痛苦，但也是一种幸福。所以，失去与收获、追求与放弃，本就是生活中最平常不过的事情，我们应该以一种平和、乐观的心态看待得失。

想采一束清新的山花，就得放弃城市的便捷；想做一名登山健儿，就得放弃娇嫩白净的肤色；想穿越沙漠，就得放弃咖啡和可乐；想有永远的掌声，就得放弃眼前的虚荣。

梅、菊放弃安逸和舒适，才有笑傲霜雪的艳丽；大地放弃绚丽斑斓的黄昏，才会迎来旭日东升的曙光；春天放弃芳香四溢的花朵，才能走进硕果累累的金秋；船舶放弃安全的港湾，才能在深海中收获满船鱼虾。

放弃是一种智慧，放弃是一种豪气，放弃是真正意义上的潇洒，放弃是更深层面的进取。

你之所以举步维艰，是你背负太重，你之所以背负太重，是你还不会放弃，功名利禄常常微笑着置人于死地。你放弃了烦恼，你便与快乐结缘，你放弃了利益，你便步入超然的境地，如果你能连放弃都放弃了，那你已与圣人无异。

今天的放弃，是为了明天的得到。干大事业者不会计较一时的得失，他们都知道放弃，如何放弃，放弃些什么。

学会放弃吧，放弃失恋带来的痛楚，放弃屈辱留下的仇恨，放弃心中所有难言的负荷，放弃浪费精力的争吵，放弃没完没了的解释，放弃对权力的角逐，放弃对金钱的贪欲，放弃对虚名的争夺……凡是次要的、枝节的、多余的，都应放弃。

放弃，是一种境界，是通向幸福的一条必经之路。

人生顿悟

何时学会了舍得，何时便开始真正的成熟。

放下，幸福的妙方

佛陀在世时，有一位叫黑指的婆罗门拿了两个花瓶前来献佛。

佛陀对他说："放下。"

黑指就把他左手拿的那个花瓶放下了。

佛陀又说："放下。"

黑指又把他右手拿的那个花瓶放下。

佛陀还是对他说："放下。"

黑指说："能放下的我都已经放下了，我现在两手空空，没有什么可以再放下了，你到底让我放下什么呢？"

佛陀说："我让你放下的，你一样也没有放下；我没有让你放下的，你全都放下了。花瓶是否放下并不重要，我要你放下的是你的六根、六尘和六识。你的心已经被这些东西充满了，只有放下这些，你才能从生活的桎梏中解脱出来，才能懂得真正的生活。"

黑指终于明白了。

佛陀说的"放下"二字听起来容易，做起来却很难。有的人追求功名，他放不下功名；有了金钱，就放不下金钱；有了爱情，就放不下爱情；有了嫉妒，就放不下嫉妒。世人有几个能真正地"放下"呢。

放下是一种心境。要真正学会放下，必得有宽阔之胸怀，磊落之行止，必得有高远之志向，进取之心态，必得以热切之心入世，以淡泊之心出世，才能做到完全放下，经得起时光的流逝、岁月的痕迹，经得起人世间的恩怨情仇。人一旦真的放下，就能登临山巅，见远山苍茫，天高地阔，听鸟鸣啁啾，松涛呼啸，并有野花、泥土、树木、青草之香扑面而来，胸怀于是豁然开朗，牵绊于是顿然消逝，只觉耳聪目明、心神飞扬……

禅语说："一切放下，一切自在；当下放下，当下自在。"

放下重负的时候，才知道自己已经很辛苦了；放下痴心妄想的时候，才发现自己应该很满足了。

放下一些问题的时候，才能体会到有些问题其实并不需要放在心里；放下一些负担的时候，才能体会到有些负担并不需要挑在肩上。

放下一些实的东西，才能感受到简单生活的乐趣；放下一些虚的东西，才能感受到心灵飞翔的快意。

人生顿悟

学会放下，是一种生活的智慧；学会放下，你才能收获长久的幸福。

放弃不是盲目丢弃，而是舍掉不必要的包袱

人生在世，会面临无数的选择。当各种机会接踵而来的时候，该如何选择，如何放弃呢？

清楚自己心中真正想要的，才能在人生的重大选择中有衡量的标准。

唐代诗人李白曾有"仰天大笑出门去，我辈岂是蓬蒿人"的名句，潇洒傲岸之中，透出建功立业的豪情壮志。凭借生花妙笔，他很快名扬天下，荣登翰林学士这一古代文人梦寐以求的事业巅峰。但是，一段时间之后，他发现自己不过是替皇帝润笔的御用文人。李白这时候面临一个选择，是继续享受荣华富贵，还是走向江湖穷困潦倒？以自己追求的目标作为衡量标准，李白毅然宣告"安能摧眉折腰事权贵，使我不得开心颜"，弃官而去。

许多时候，一些看似无谓的选择其实是奠定我们一生的基础。无论多么远大的理想、多么伟大的事业，都必须从小处

做起，从平凡处做起，所以对于看似琐碎的选择，必须要慎重对待。

一位哲人在给第一次慕名前来的人讲道理时，先拿了一满杯黑颜色的水，然后再往这杯子里倒清水。杯里的水不断向外流溢，但杯子里的水仍有黑颜色混在其中。这时，哲人对求学者说："要想得到一杯清水，必须先倒掉脏水，洗净杯子。"

你必须学会选择，选择适合你自己的。

老师带着他的学生打开了一个神秘的仓库。这仓库里装满了放射着奇光异彩的珍宝，没人知道存放者是谁。仔细看，每件珍宝上都刻着清晰可辨的字迹，分别是骄傲、正直、快乐、爱情……

这些宝贝都是那么漂亮，那么迷人，学生见一个爱一个，抓起来就往口袋里装。可是，走在回家的路上他才发现，装满宝贝的口袋是那么沉。没走多远，他便气喘吁吁，两腿发软，再也无法挪动脚步。

老师说："孩子，我看还是丢掉一些宝贝吧，后面的路还长着呢。"

学生恋恋不舍地在口袋里翻来翻去，咬咬牙丢掉两件宝贝。但是，宝贝还是太多，口袋还是太沉，年轻人不得不一次又一次地停下来，一次又一次地咬着牙丢掉一两件宝贝……口袋的重量虽然减轻了不少，但年轻人还是觉得他的双腿像灌了铅般沉重。

"孩子，"老师又一次劝道，"你再翻一翻口袋，看还可以丢掉些什么。"

　　学生终于把沉重的"名"和"利"也翻出来丢掉了，口袋里只剩下"谦虚""正直""快乐""爱情"……此时，他感到说不出的轻松和快乐。

　　但是，当他们走到离家只有100米的地方时，年轻人又一次感到了疲惫，前所未有的疲惫，他真的再也走不动了。

　　"孩子，你看还有什么可以丢掉的，现在离家只有100米了。回到家，等恢复体力还可以回来取。"

　　学生想了想，拿出"爱情"看了又看，小心翼翼地把它放在了路边。

　　学生终于走回了家。

　　可是他并没有想象中的那样高兴，他在想着那个让他恋恋不舍的"爱情"。老师对他说："爱情虽然可以给你带来幸福和快乐，但是，它有时也会成为你的负担。等你恢复了体力还可以把它取回，对吗？"

　　第二天，学生恢复了体力，按照来时路拿回了"爱情"。他高兴极了，他欢呼，他雀跃，他感到了无比的幸福和快乐。这时，老师走过来抚摸着他的头，舒了一口气："啊，我的孩子，你终于学会了放弃。"

人生顿悟

　　人生要学会舍得，没有舍就没有得，所以要学着放下。这是生活的另一种选择。

想获取长远利益，必须先放弃眼前小利

一个青年向一位商人请教成功之道，商人却拿了 3 块大小不一的西瓜放在青年面前，"如果每块西瓜代表一定程度的利益，你选哪块？"

"当然是最大的那块。"青年毫不犹豫地回答。

商人一笑："那好，请吧。"他把那块最大的西瓜递给青年，他自己吃起了最小的那块。

不一会儿，商人就吃完了，随后他拿起桌上的最后一块西瓜得意地在青年面前晃了晃，大口吃起来。

青年恍然大悟：商人吃的瓜虽然不如自己吃的瓜大，却比自己吃的总量要多；如果每块西瓜都代表相应的利益，那么商人占有的利益显然更多。

吃完西瓜，商人对青年说："要想成功，就要学会放弃，只有放弃眼前小利，才能获取长远大利，这就是我的成功之道。"

生活中，一些人的目光只会停留在眼前利益上，无论做

什么都不舍一分一厘，常常因一时赚得小利而失去了长远之大利；可谓捡了芝麻，丢了西瓜。富豪李嘉诚却正好相反，他懂得舍弃小利而赢得大利的道理。

李嘉诚出任 10 余家公司的董事长或董事，但他把所有的袍金都归入长实公司账上，自己全年只拿 5000 港元（相当于 4036 元人民币）。以 20 世纪 80 年代中期的薪资水平，像长实这样盈利状况甚佳的大公司主席的袍金，一家公司就该有数百万港元。5000 港元还不及公司一名清洁工的年薪。进入 90 年代，这种公司的主席袍金更递增到 1000 万港元上下；而李嘉诚还是每年 5000 港元。

李嘉诚每年放弃了上千万元袍金，却获得公司众股东的好感，爱屋及乌，他们自然也信任长实公司的股票。甚至李嘉诚购入其他公司股票，投资者也紧随其后。李嘉诚是大股东，长实股票被抬高，长实股值大增，得大利的当然是李嘉诚。就这样，李嘉诚每次想办大事，总能在股东大会上顺利通过。

有人说，一般的商家只能算精明，而李嘉诚这样的商界大鳄，拥有是经商的智慧。

李嘉诚其实是小利不取，大利不放，甚至可以说是以小利为诱饵钓大利。人生中，是只看到眼前比较直接的"小利益"，还是把眼光放长远，发现更大，但可能比较隐蔽的"大利益"？这可是个很大的学问。

人生顿悟

明智的人总会忽略微小利益，关注长远利益。

第四章

跟他人、跟社会讲和

心胸豁达，能涵万物；心胸狭隘，难容一沙。内心宽容，就不会陷入与人敌对的处境。关照他人，就是关照自己。

麻烦不是我们的仇敌，而是我们的朋友

一位成功人士向朋友讲述了他的经历：

"我19岁那年，任职的公司突然倒闭，我失业了。经理对我说：'你很幸运。'

"'幸运！'我叫道，'我浪费了两年的光阴，还有1600元的欠薪没有拿到。'

"'是的，你很幸运。'他继续说，'凡在早年受挫的人都是很幸运的，可以学到鼓起勇气从头做起，学到不忧不惧。运气一直很好，到了四五十岁忽然灾祸临头的人才真可怜，这样的人没有学过如何重新做起，这时候来学年纪已太大了。'

"我35岁时，一位商业顾问对我说：'不要因为事情麻烦而抱怨，你的收入多就是因为工作麻烦。只有困难的工作，才有丰厚的报酬。'

"我40岁时，一位哲学家告诉我：'再过5年，你就会发现，麻烦是经常存在的，麻烦就是人生。'

"今天，我 50 岁了，回想这 3 次所受的教诲，觉得都是至理名言。"

曾有人说："人生中不幸的事如同一把刀，它可以为我们所用，也可以把我们割伤；要看你握住的是刀刃还是刀柄。"

英国诗人弥尔顿最杰出的诗作是他双目失明后完成的；德国音乐家贝多芬，最杰出的乐章是在他丧失听力后创作的；小提琴家帕格尼尼是个用苦难的琴弦把天赋磨炼到极致的人。

科学家贝佛里奇说："最出色的成果往往是身处处逆境时完成的。压力和痛苦，都可能成为精神上的兴奋剂。"

不要感叹命运多舛不公。当你因失去而深感遗憾时，可能另有意想不到的收获。但是，前提是你必须有正视现实、改变现实的勇气与毅力。这就像一位成功者宣称的："苦难本是一条疯狗，总在不经意间扑来。如果你畏惧躲避，它就会凶残地追着你不放；如果你直起身子，挥舞着拳头对它大声呵斥，它就会夹着尾巴灰溜溜地逃走。"

人生顿悟

热烈地拥抱麻烦吧，它其实是因上天垂青才降临的幸运。

关照别人，就是关照自己

杰西克·库思曾是美国一家小报社的记者。因为黑色的皮肤，他在那家报社受人排挤，被人轻视，他很想用自己的能力赢得认可和尊重。

那时，美国的石油大王哈默已蜚声世界，报社主编希望几位记者能采访到哈默，以提高报纸的声誉与销量。杰西克在心底暗暗发誓，一定要独立完成稿子，让其他人心服口服。

一天深夜，杰西克终于在一家大酒店门口拦住哈默，并恳请哈默回答他几个问题。

面对杰西克的软磨硬缠，哈默没有动怒，只是和颜悦色地说："改天吧，我有要事在身。"

最终，拗不过杰西克的锲而不舍，哈默同意回答一个问题。杰西克问了一个敏感的话题："为什么前一阵子阁下对东欧国家的石油输出量减少了，而你最大的对手的石油输出量却略有增加？这似乎与阁下现在的石油大王身份不符。"

哈默依旧不急不躁，平静地回答道："关照别人就是关照自己。那些想在竞争中出人头地的人如果知道，关照别人只需要一点点的理解与大度，却能赢来意想不到的收获，一定会后悔不迭。关照，是一种最有力量的方式，也是一条最好的路。"

哈默离去后，杰西克怅然若失地站在街头。他认为哈默是故弄玄虚，敷衍自己。对哈默那番不着边际的话，他更是迷惑不解，一直耿耿于怀。

直到 10 年后，他在有关哈默的报道中读到这样一段故事——

在成为石油大王之前，哈默曾是个不幸的逃难者。一年冬天，年轻的哈默和一群同伴流亡到美国南加州的沃尔逊小镇，在那里，他认识了善良的镇长杰克逊。

那天，冬雨霏霏，镇长门前花圃旁的小路成了一片泥淖。为了避开这段泥淖，行人都从花圃里穿过，弄得花圃一片狼藉。哈默替镇长痛惜，便不顾天寒地冻，站在雨中看护花圃，指示行人从泥淖中穿行。这时，出去半天的镇长笑意盈盈地挑着一担炉渣铺在泥淖里。

这样一来，再也没人从花圃里穿过了。最后，镇长意味深长地对哈默说："你看，关照别人就是关照自己，有什么不好？"

人生顿悟

老子在《道德经》中说："无私为大私。"当你无私地去关照他人时，他人会出于感激等情感回报你；越是无私地付出，所得的回报就越多。因此，无私地把别人的事当成自己的事对待，其实也是在最大限度地成就自己所想。

容人小过，不念旧恶

古语云："水至清则无鱼，人至察则无徒。"如果一个人要求与他交往的人都像天使一样纯洁，那他就要与上帝一起生活了。有句话说得好，人无完人，孰能无过？过而能改，善莫大焉。人都会犯错，只要不是原则性的大错，就没有必要太过计较；何必因为一些鸡毛蒜皮的小事而生气烦心呢？糊涂点儿才是真聪明。

西汉宣帝时的丞相叫丙吉，他有一个车夫很好喝酒，醉酒后常有不检点的行为。有一次，这车夫喝酒后为丙吉驾车，半路呕吐起来，弄脏了车子。丙吉的属官为此骂了这车夫一顿，并建议丙吉将此人撵走。丙吉说："何必呢。他本是一个不错的驭手，现在因为饮酒的过失被撵走了，谁还会雇用他呢。那叫他以后怎么办。就容忍了吧，况且，也不过就是弄脏了我这个当丞相的车垫子罢了。"于是继续让他驾车。

这个车夫的家乡位于边疆地区，他与来都城送信的边疆驿兵相熟。一次，他外出时碰上从边郡往京城送急报的驿兵，就托关系打听了一下，得知是匈奴侵犯云中郡和代郡等地。他马上赶回相府，将情况报告给丙吉，并建议道："恐怕在匈奴进犯的边境地区，有一些太守和长吏已经老病缠身，难以胜任用兵打仗之事了，丞相是否预先查验一番，也好有个准备。"丙吉听了，觉得车夫的想法很对。于是，丙吉叫来属吏有司，让他们立即统计有关情况，以便充分了解边境官员现状。

不久，汉宣帝召见丞相和御史大夫，询问遭匈奴侵犯的边境守将的情况，丙吉对答如流。御史大夫毫无准备，哪能回答得出。皇帝见他那吞吞吐吐的窘态，大为生气，狠狠地责备了他一番，对丙吉则大加赞扬，称许他能时时忧虑边境事务，忠于职守。汉宣帝哪里知道这全是车夫的提醒之功。

军国大事本不是车夫所长，丙吉在朝也难以想到边境的具体状况。只因容人小过，却意外得到了如此有利的回报。

可见，容忍别人的小过失，有时候会给自己带来意想不到的回报。

人生顿悟

容人小过，不仅因为人迟早会有这样或那样的过失、短处，还因为大多数犯错、有过者，都可以做到"过而能改"，并不自甘堕落。容人小过，不念旧恶，这是每个人都应该遵守的社交法则。

与其抱怨周围环境，不如及早适应世界

某君在社会上总是很落魄，不得志，有人就推荐他求教智者。

他找到智者，诉说了自己的困窘和苦恼。智者沉思良久，默然舀起一瓢水，问他："这水是什么形状？"

此君摇摇头："水哪有什么形状呀？"

智者不答，只是把水倒入杯子。此君若有所悟："我知道了，水的形状像杯子。"

智者依旧不语，把杯中水倒入旁边的花瓶。此君恍然大悟："我明白了，您是想通过水告诉我，社会处处像一个规则的容器，人应该像水一样，盛进什么容器就像什么形状。您的意思是要我适应社会。"

智者点头默认，轻轻提起花瓶，把水倒入一个盛满沙土的花盆。刚才晶莹清亮的水，一下子便渗入沙土，不见了。智者俯身抓起一把沙土，叹道："看，水就这么消逝了。"

　　此君陷入沉思，对智者的话咀嚼良久，然后高兴地说："人生就像这水一样，如果掺入的杂质像沙土一样多，超过了自身的承受力，就会迅速消逝，失去自我。"

　　"正是如此。"智者拈须道，"但又不完全如此。"说完，便走出门去，此君紧随其后。

　　在屋檐下，智者俯身用手在青石台阶上摸了一会儿，然后停住了。此君也用手指摸索智者所触之地，感到有一个凹处。他有些不解，不知道这个本来平滑的石阶上的小窝中藏有什么玄机。

　　智者点拨道："每到雨天，雨水就会不停地从屋檐落下来，这个凹处就是水滴下来的结果。"

　　此君终于醒悟："人生在世，经常会被装入各种各样的容器，所以人应当像水一样学会适应，但是，如果容器中杂质的含量过多，超过了水的承载能力，水就会消失，所以人不能一味只知适应社会，失去自我。做人，要像这小小水滴一样，通过不懈的努力来改变这坚硬的青石板，冲破容器的限制和束缚。"

人生顿悟

　　老子在《道德经》中说"上善若水"，我们都应当像水那样具有极强的适应性。改变世界很难，改变自己则容易很多。

豁达的人，能享受更多生命的快乐

面对人生的变幻多端，遇宠不骄，逢灾不惊，这就是豁达。

因为领导民众反对种族隔离政策，南非的民族斗士曼德拉曾被关在荒凉的大西洋小岛罗本岛上27年。

当时曼德拉年事已高，但白人统治者依然像对待年轻犯人一样对他进行残酷的虐待。

小岛上布满岩石，到处是海豹、蛇和其他动物。曼德拉被关在一个"锌皮房"里，白天打石头，将采石场的大石块碎成石料。此外，他还要下到冰冷的海水里捞海带，或在一个很大的石灰石场里，用尖镐和铁锹挖石灰石。

因为曼德拉是要犯，看管他的看守就有3个人。他们对他并不友好，总是寻找各种理由虐待他。

然而，1991年曼德拉出狱当选总统以后，他在就职典礼上的发言震惊了中外。

在依次介绍了来自世界各国的政要后，曼德拉说，能接待这么多尊贵的客人，他深感荣幸，但他最高兴的是，当初在罗本岛监狱看守他的3名狱警也能到场。随即他邀请他们起身，并把他们介绍给大家。

曼德拉的豁达、宽容，令这3名虐待了他27年的狱警汗颜，也让在场所有的人肃然起敬。

看着年迈的曼德拉缓缓站起，恭敬地向这3名曾关押他的狱警致敬，在场的所有来宾乃至整个世界，都静下来了。

后来，曼德拉告诉朋友，自己年轻时性子很急，脾气暴躁，是狱中生活使他学会了控制情绪，因此才活了下来。

牢狱岁月给了曼德拉时间与激励，也使他学会了如何应对自己遭遇的痛苦。

他说，感恩与宽容常常源自痛苦与磨难，必须通过极强的毅力来训练。

他说获释当天，他的心情极为平静："当我迈出通往自由的监狱大门时，我已经清楚，若不能把悲痛与怨恨留在身后，那么我将依然身处牢狱之中。"

生活中，豁达如曼德拉者，遇事泰然，面对困厄无惧色，从容品味人生百味，唯有这样，方可心平气和，成为更好的自己。

人生顿悟

心胸豁达，能涵万物；心胸狭隘，难容一沙。

反省是一堂有效的自我教育课

春秋末年的思想家曾子曾说："我每天多次自我反省——为别人办事是不是尽心竭力了？和朋友交往是不是做到诚实了？老师传授的学业是不是复习了？"

孔子认为曾子能够继承自己的事业，所以特别细致地传授学业于他。

一次，曾子对他的学生子襄讲什么是勇敢，就直接引用孔子的话，他说："你喜欢勇敢吗？我曾听孔子说什么是最大的勇敢：自我反省，正义不在自己一方，即使对方是普通百姓，我也不恐吓他们；自我反省，正义在自己一方，即使对方有千军万马，我也勇往直前。"

英国小说家狄更斯的作品都十分精彩。他给自己定了一个规则，那就是没有认真检查过的内容，绝不读给公众。每天，狄更斯会把写好的内容读一遍，去发现问题，然后不断改正，直到 6 个月后才读给公众。

法国文豪巴尔扎克也会在写完小说后，花一段时间不断修改，直到最后定稿。这一过程往往需要花费几个月甚至几年的时间。

这种不断自我反省、自我修正的态度，让这两位作家取得了非凡的成就。

无论是谁，无论做何事，都应持自我反省、自我修正的态度。

《论语》云："见贤思齐焉，见不贤而内自省也。"这就是说，看到别人的优点，要设法使自己也具有同样的优点；看到别人的缺点，要反省自己，看自己是否也存在类似的缺点。

反省，是对心灵之镜的拂拭，是对精神的洗濯，它涵盖了我们生命的全部内容。

一个具备反省能力的人，定能不断提高自己。

人生顿悟

一个人要想进步，必须每天反省。反省，好似镜子，可以看到自己的本来面目；反省，又如清水，可以洗去心灵的污垢。

坦承错误，勇于改正

世上无完人，勇于承认错误，一向被当作为人的一种美德。

战国时期的名将廉颇，因不服蔺相如这文弱书生做了丞相，总是针对他；后来得知蔺相如是为保将相之和，才一直谦让他，便赤膊负荆，登门请罪，成就一段美谈。

三国时，诸葛亮挥泪斩马谡，自称因失街亭而败北，上请谢罪，引咎辞职，被人们传为佳话。

以上事实说明，虽然因犯错误而造成的损失很难挽回，但坦承错误，是有错必改的第一步。

通常情况下，赢得他人的尊重并不是依靠一时的面子。

孔子说："过也，人皆见之；更也，人皆仰之。"意思是说，你有了过失，别人都会见到，你遮掩不了；你及时坦承过失并补救，更正，只要改正了，人们反而会因此对你生出敬仰之心。

法国启蒙思想家卢梭写出了著名的《忏悔录》，他要做的是"把一个人真实的面目赤裸裸地揭露在世人面前，这个人就是我"。因此，在《忏悔录》中，他直面自己的私心，痛责自己的过错。他写道，自己少时当仆人，偷过主人家一条用旧的丝带。主人发现后，他在众目睽睽之下，将此事嫁祸于诚实的女仆玛丽，破坏了她纯洁善良的好名声。之后，他一直因此而痛苦。他把这件事牢牢记在心上，时刻提醒自己不要再做错事。因此，他"40年来在极端困难的情况下，始终保持了诚实与正直"。

事实就是这样，智者在承认自己过失的同时，也可以获得某种程度的满足感，这不仅可以消除罪恶感和自我保护的气氛，而且有助于解决这一过失造成的问题。

戴尔·卡耐基告诉我们，即使傻瓜也会为自己的错误辩护，但能承认自己错误的人，会获得他人的尊重，认为此人品格高贵，值得依赖。

人生顿悟

有错即改，做事就不会为得失所扰，心灵就不会为得失所累。

善待失败，方能避免再次失败

经历过失败，毅力会更顽强，经验会更丰富，处理事情会更成熟。

所以，面对失败时，不要抱怨，要真心感谢；不要灰心丧气，要更加努力。

历史长河中，几乎所有成功者都经历过失败。

小说家詹姆斯·哈利在监狱里才开始写短篇小说，之后名扬天下。如果他坐牢时只盼快点熬到头而浑浑噩噩地度过那几年时间，那他不可能达到后来的成就。

英国小说家约翰·克里西35岁开始写作，笔耕不辍，不停地给各个文学报刊和出版社投稿，但无一被采用，只换回了734张退稿条。面对这样的打击，他没有气馁，反而从这些退稿条中汲取力量，他这样说道："不错，我正在承受人们无法想象的大量失败的考验。如果我就此罢休，所有的退稿条都将变得毫无意义。但我一旦获得成功，每一张退稿条的价值都要重新计算。"后来，他的作品终于得以问世，从此一发不可收拾。他离世时，共完成了 564 部作品，累计字数超过 4000 万字，被誉为"世界高产作家"。

在现实生活中，成功之前的失败更是普遍。初学溜冰的人免不了摔跤，但正是他摔的这些跤，让他掌握了溜冰的技巧和禁忌，能在冰面上优美地滑行。初学篮球者会经历屡投不中的时期，但就在一次次的失败之中，经验被慢慢积累起来。

失败，是我们前行途中必经的驿站，请珍惜它，善待它。积极勇敢地通过这驿站，你会拥有更多的自信，获得更大的成长。

人生顿悟

善待失败就是对失败最有效的反击。从某种意义上讲，阻碍你的并不是失败本身，而是你对失败的态度。

第五章
用工作证明你的价值

　　工作者是美丽的，也是幸福的。今日的工作业绩就是明日你简历上的浓重一笔。因此，在积累的阶段一定记得把基础打牢。踏实工作才是智者的选择。

称职的另一种解释，就是做好在职每一天

公司要裁员，名单公布了，其中有内勤部办公室的小灿和小燕。公司规定被裁人员一个月之后离岗。那天，大伙儿看她俩都小心翼翼，更不敢和她们多说一句话，因为她俩的眼圈都红红的。这事摊到谁身上都难以接受。

第二天继续上班，这是小灿和小燕在单位的最后一个月。小灿的情绪很激动，像灌了一肚子的火药，逮着谁就向谁开火。裁员名单是老总定的，跟其他人没关系，甚至跟内勤部都没关系。小灿也知道，可心里憋气得很，又不敢找老总发泄，只好拿杯子、文件夹、抽屉撒气。"砰砰""咚咚"，大伙儿的心被她提上来摔下去，办公室里气氛凝重；但人之将走，其心也哀，谁又忍心去责备她呢？

小灿怨气难消，去找主任喊冤，找同事诉苦，"凭什么把我裁掉？我干得好好的……"边说边眼眶一红，滚下泪来。旁边的人心里酸酸的，恨不得自己替下小灿。自然，订盒饭、传

送文件、收发信件等小灿负责的工作，她现在也不上心了。

不久后，小灿听说一些人到老总那儿说情，好像都是重量级的人物，着实高兴了好几天；但不久后，她听说这次是"一刀切"，谁也通融不了。再次受到打击的小灿，整天气鼓鼓的，总是用异样的目光在每个人脸上刮来刮去，仿佛有谁在背后捣鬼，她要用眼神把那人勾出来。许多人开始怕她，躲着她。

小灿原本很讨人喜欢，但现在，她人尚未走，大家却有点讨厌她了。

小燕也很讨人喜欢。同事们早已习惯这样招呼她："小燕，把这个打一下，快点儿。""小燕，快把这个传过去。"小燕总是连声"好，好，好"，行动像她的回应一样热情周到。

裁员名单公布后，小燕哭了一晚上，第二天上班也无精打采，可打开电脑，拉开键盘，她就和以往一样地干开了。小燕见大伙儿不好意思再吩咐她做什么，便主动要活，揽活。她说："是福跑不了，是祸躲不掉，反正这样了，不如干好最后一个月，以后想干恐怕都没机会了。"小燕心里渐渐平静了，仍然勤劳地忙里忙外，随叫随到，坚守岗位。

一个月下来，小灿如期离岗，而小燕却留了下来。

主任当众传达了老总的话："小燕这样的员工，公司永远不会嫌多。"

人生顿悟

在其位，谋其职。手头的工作哪怕只需要再做一个月、一天、一小时，也要尽心尽力地做好它。在竞争激烈的职场中，不能左顾右盼，蹉跎岁月，需要全身心投入，干好每件工作。

与其整日思量跳槽，不如踏实干出成绩

A 对 B 说："我要离开这个公司。我恨这个公司！"

B 建议道："我举双手赞成你报复。这公司一定要给它点颜色看看。不过你现在离开，还不是最好的时机。"

A 问："为什么？"

B 说："如果你现在走，公司的损失并不大。你应该趁着还在公司，拼命拉客户，成为公司独当一面的人物，然后带着你的客户突然离开，这样才会让公司损失惨重，陷入被动。"

A 觉得 B 说得非常在理，于是努力工作。经过半年多的努力工作，他积累了许多优质客户，业绩突飞猛进。

再见面时，B 问 A："现在是时机了，要跳槽赶快行动。"

A 淡然笑道："老总跟我长谈过，准备提升我做总经理助理，我现在不打算离开了。"

其实，这正是 B 的初衷。

人生顿悟

今日的工作业绩就是明日你简历上的浓重一笔。因此，在积累的阶段一定记得把基础打牢。踏实工作才是智者的选择。

把工作当作一件快乐的事情，就不会紧张

非洲的某个土著部落迎来了美国的旅游观光团，部落里的人们面对这样好的商机，自然是不会放过的。

部落中的一位老人，正悠闲地坐在一棵大树下，一边乘凉，一边编草帽，编好的草帽他放在身前一字排开，供游客选购。他编的草帽造型别致，而且颜色的搭配也巧妙，很有特色，游客纷纷驻足购买。

一位精明的商人看中了老人编的草帽，立刻盘算起来："这样的草帽如果运到美国去，一定能卖个好价钱，至少10倍的利润！"

想到这里，他不由得激动地对老人说："朋友，你这草帽多少钱一顶呀？"

"10美元一顶。"老人微笑着回答，手上继续编着，他那种闲适的神态，让人感觉他不是在工作，而是在享受一件美妙的事情。

"天哪，如果我买1万顶草帽回去销售的话，一定会发大财的。"商人欣喜若狂。

于是，商人对老人说："要是我在你这里定做1万顶草帽，你每顶草帽给我优惠多少钱呀？"

他本以为老人会高兴万分，可没想到老人皱着眉头说："这样的话啊，那就要100美元一顶了。"

单买一顶10美元，订购1万顶却涨到每顶100美元！这是他从商以来闻所未闻的事情呀。"为什么?!"商人冲着老人大叫。

老人自有他的道理："在这棵大树下悠闲地编草帽，对我来说是种享受，可如果要编1万顶草帽，我就不得不夜以继日地工作，不仅疲惫劳累，还成了精神负担。难道你不该多付我些钱吗？"

人生顿悟

换种态度对待你的工作，你就不会觉得累。享受工作带来的快乐与成就感，你就不会因工作而紧张了。

明确自己要做的事，效率自然提高

玛丽·凯·阿什在创办玛丽·凯化妆品公司初期，听到过一则有关查尔斯·施瓦布（美国一家数一数二的钢铁公司的总裁）的故事，这个故事对她影响很大。

故事大概是这样的：

一名企业管理顾问艾·维·李对施瓦布说："我可以教你提高公司的效率。"

施瓦布问："费用是多少？"

李说："如果无效的话，免费；如果有效，希望你能把公司因此省下的费用的1%给我。"施瓦布同意："很公平。"接着施瓦布问艾·维·李要怎么做。

"我需要与每一位高级主管面谈10分钟。"

施瓦布答应了。

李开始与所有高级主管会面，他要求每一位主管："在下班离开办公室前，请写下6件你今天尚未完成，但明天必须得做的事。"

开始实行这个计划后，主管们发现自己比以前更专心了，因为有了这张表，他们会努力完成表上的事情。不久之后，公司的效率显著提高。

几个月之后，因为效果惊人，施瓦布开了张 35000 美元的支票给李。

玛丽·凯说："我听到这个故事后心想，如果这个方法对施瓦布而言值 35000 美元，对我也会有同样的价值。"

因此，她开始在每天下班前写下 6 件明天要做的重要事情，也鼓励业务员这么做。后来的玛丽·凯化妆品公司拥有 20 多万名业务员，印制了上百万份的粉红色小便条本，每一张便条纸都写着"我明天必须做的 6 件重要事项"。

人生顿悟

要事第一，这是许多人做事工作效率高的重要原因。别让那些细枝末节的小事把你的精力耗尽。

没有全力以赴的精神，就不会有硕果累累的佳绩

张艺谋的成功在很大程度上源于他对电影艺术的诚挚热爱和忘我投入。正如传记作家王斌所说："超常的智慧和敏捷固然是张艺谋成功的主要因素，但惊人的勤奋和刻苦也是他成功的重要条件。"

1986 年，摄影师出身的张艺谋被吴天明点将出任电影《老井》一片的男主角。之前没有任何表演经验的张艺谋接到任务，二话没说就住到农村去了。

他剃光了头发，穿上大腰裤，光着脊背。在太行山一个偏僻、贫穷的山村里，他与当地乡亲同吃同住，每天还和乡亲们一起上山干活，一起下沟担水。

为了使皮肤粗糙、黝黑，他每天中午光着膀子站在烈日下暴晒；为了使双手变得粗糙，每次摄制组开会，他不坐板凳，而是学着农民的样子蹲在地上，用沙土搓揉手背；为了电影中的两个短镜头，他打猪食槽子连打了两个月。

在拍摄过程中，张艺谋为了达到逼真的视觉效果，真跌真打，主动受罪。在拍"舍身护井"时，他真跳，摔得浑身酸痛；在拍"村落械斗"时，他真打，打得鼻青脸肿。更有甚者，在拍旺泉和巧英在井下的那场戏时，为了找到那种奄奄一息的感觉，他硬是三天没吃一口饭，连滚带爬拍完了全部镜头。

张艺谋因此片荣获第2届东京国际电影节最佳男主角奖、中国第11届百花奖最佳男主角奖、第8届金鸡奖最佳男主角奖。

导演吴天明这样评价他："如果我们的专业演员都能下艺谋这样的苦功，我国银幕上虚假的表演不是可以大大减少吗？如果我们的电影创作者都能像艺谋那样全身心地扑到事业上，中国电影还愁赶不上世界先进水平吗？"

吴天明的这段话，对于我们每个人都是很好的诘问。

人生顿悟

你如果还在抱怨自己的命运，还在羡慕他人的成功，就需要好好反省了。很多时候，你可能就输在对事业的态度上。

如果你没有像成功者那样付出，就不要哀叹命运不公

在美国，有一个人在一年之中的每一天里，都做着同一件事：天刚刚放亮，他就伏在打字机前，开始一天的写作。这个男人名叫斯蒂芬·金，是蜚声国际的悬疑小说作家。

斯蒂芬·金的经历十分坎坷，他曾经潦倒得连电话费都交不起，电话公司因此掐断了他的电话线。后来，他成了著名的悬疑作家，稿约不断，常常是一部小说刚在他脑中有了构思，出版社高额的订金就支付给了他。

成名之后，他算是世界级的大富翁了。可是，他的每一天，仍然是在勤奋的创作之中度过的。

斯蒂芬·金成功的秘诀很简单，只有两个字：勤奋。

一年之中，他只有3天是不写作的。也就是说，他每年只给自己3天的休息时间，这3天是：生日，圣诞节，美国独立日（国庆节）。

人生顿悟

不经一番寒彻骨，怎得梅花扑鼻香。勤奋、刻苦，是成功者共有的品质。

第六章
你也可以成为下一个
亿万富翁

　　成功不会一蹴而就，财富更不会从天而降，要用恒心做向导，用耐心来赢取最后的甘甜。没有钱不可怕，可怕的是没有诚实守信、坚持奋斗的精神。

给人生算账，绝不含糊过日子

对于金钱的开支，人们大多比较留心，但对于时间的支出，大部分人往往不大在意。如果为人们在工作生活等方面所用去的时间一一予以记录，列出一份"生命的账单"，不仅十分有趣，还可能会令人有所感悟，有所警醒。

《兴趣》杂志对人一生的时间支配做过一次调查，结果是这样的：站着，30 年；睡觉，23 年；坐着，17 年；走着，16 年；跑着，1 年又 75 天；吃饭，7 年；看电视，6 年；闲聊，5 年又 258 天；开车，5 年；生气，4 年；做饭，3 年又 195 天；穿衣，1 年又 166 天；排队，1 年又 135 天；过节，1 年又 75 天；喝酒，2 年；如厕，195 天；刷牙，92 天；哭，50 天；说"你好"，8 天；看时间，3 天。

英国广播公司也曾委托人体研究专家对人的一生做"量化"分析，有些数字可以作为上面调查的补充：沐浴，2 年；等候入睡，18 周；打电话，2.5 年；等人回电话，14 周；无所事事，2.5 年。以上调查和量化分析并不全面，而且有些数字也不具有很强的说服力和可信度，但也算一份"生命的账单"。

明代才子唐寅的七言古诗《七十词》道："人年七十古稀，我年七十为奇，前十年幼小，后十年衰老，中间只有五十年，一半又在夜里过了。算来只有二十五年在世，受尽多少奔波烦恼。"

25 年，倘若再除去劳碌纷争，我们欢喜有益的日子就更少得可怜了。

有本名为《相约星期二》的书，写的是一位叫莫尔的教授，不幸身患绝症，在生命的最后，他跟他的学生慨叹道："我们总觉得自己有的是时间，其实，生命是如此短暂，有限。要知道'来日无多'，永远别说'太迟了'。"

人生顿悟

不知道你看了这份"生命的账单"是否感到触目惊心。这份账单上的时间开支，有一些是非花销不可的，但有些完全可以节省下来。

所以，每一天都值得用心安排：该为哪些事花费时间？哪些事可以省略不做或缩短用时？

只有像计较金钱那样计较时间，才能在有限的人生中做更多有意义的事情。

穷人缺少的不是锦衣玉食，而是一点"野心"

巴拉昂是法国的大富翁。他的事业是从推销装饰肖像开始的。后来他又从事新闻工作，不到 10 年，就成为当时最年轻的媒体大亨。1998 年，他在法国的博比尼医院去世。临终时，巴拉昂做出两个惊人的决定：一是向博比尼医院捐献 4.6 亿法郎，用于治疗前列腺癌的研究；二是设立一项 100 万法郎的奖金，奖给一个揭开贫穷之谜的人。

巴拉昂死后，报纸刊登了他的遗嘱。遗嘱写道："我出生时是穷人，死时却拥有亿万资产。我不想把自己致富的秘诀带走，这个秘诀保存在法兰西中央银行我的保险箱里。我的秘诀是'穷人最缺少的是什么'这一问题的答案，猜中秘诀的人将得到我的祝福和我保险箱里的 100 万法郎。"

遗嘱一经宣布，成千上万的答案飞向报纸编辑部。大部分答案说，穷人最缺的是财富，不然怎么叫"穷人"呢？另一部分人认为，穷人最缺的是机会，相当多的人受穷，是因为没有好的致富机会。还有一些人认为：穷人最缺的是手艺，要想致富必须有一技之长；一些人之所以穷，是因为学而不专；穷人所缺的是协助，所有政党上台前，都许诺一旦执政将会帮助穷人，可是上台后却很少兑现。此外，还有不少出人意料的答案，比如漂亮的脸蛋、皮尔·卡丹服装、宽敞的住房。

　　到巴拉昂去世一周年纪念日为止，遗嘱执行人总共收到48 561封来信。这天，律师和代理人打开那只保险箱，发现只有一个名叫蒂勒的小姑娘猜对了。原来，巴拉昂认为：穷人最缺的是野心。

　　在蒂勒到巴黎领奖时，记者问这个只有9岁的小姑娘，为什么她会想到答案是野心？蒂勒说："我姐姐只要把她11岁的男朋友带到我家，总要对我发出警告：'不要有野心。不要有野心。'所以我想，野心大概能够让人得到他想要的东西。"巴拉昂的谜底在报纸上揭晓后，引起世界范围的评议：相当多的媒体就这一话题展开调查，不少成功的企业家和好莱坞电影明星都承认，促使他们取得成功的主要因素是野心。看来，野心是永恒动力，是创造奇迹的火种。

人生顿悟

　　野心是一种远大抱负。我们的生活就像旅行，抱负是导游者，没有导游者，目标会丧失，力量也会化为乌有，一切都会停止。

把赚钱当作一种游戏，才是最有意义的

大金融家摩根喜欢赚钱，甚至达到痴迷的程度。

每当黄昏时，他总会到小报摊上买一份载有股市收盘的当地晚报回家阅读。当他的朋友都在忙着娱乐的时候，他则说："别人热衷于研究棒球或者足球，我研究怎么赚钱。"

在谈到投资的时候，他总是说："玩扑克的时候，你应当认真观察每一位玩家，你要看出谁是冤大头，如果看不出，那这个冤大头就是你。"

朋友开玩笑说："摩根，你已经是百万富翁了，感觉如何？"

他的回答让人玩味："凡是我想要且可以用钱买到的东西，我都能拥有，包括其他人所梦想的东西，比如名车、名画、豪宅之类，但我并不想得到它们。"

虽然酷爱赚钱，但他并不是一个为金钱而生活的人，甚至不需要金钱来装饰他的生活；他喜欢的仅仅是游戏的感觉，那

种一次次投入资金，又一次次地通过自己的智慧赚回更多钱的感觉，充满了风险和艰辛，但是也颇为刺激，他喜欢的就是这种刺激。

摩根说："金钱对我来说并不重要，而赚钱的过程，即不断地接受挑战才是乐趣；不是要钱，而是赚钱，看着钱生钱才是最有意义的。"

赚钱不过是为了生活得更幸福一些，但若因为这个赚钱的过程，而忽略了生活的过程，那就很不合算了。奇怪的是，人们一旦有了钱反而更忙碌，无法舒舒服服地过日子。有些人就是这样，终日忙于赚钱，虽然腰缠万贯，却无法把握享受人生的机会。

有一次，一位商人乘专机到以色列参加一项商务谈判，到达的那天恰好是周六。在美国备受交通堵塞之苦的他，对这里街上汽车稀少、交通畅通无阻的情形感到很奇怪。他问："你们首都的车辆这么少吗？""你有所不知。"有人解释道，"我们从每周五晚上开始，一直到星期六的傍晚为止，禁烟，禁酒，禁欲，要摒除一切杂念，一心一意地休息和祈祷，人们大都待在家里，所以街上来往的汽车比平日起码减少一半。从周六晚上起，才是真正的周末，可以尽情娱乐。"

"你们真懂得休息和享受。"商人羡慕地说。

"因为我们知道只有健康的身体，才能享受快乐的人生。"此人不无得意地说，"健康是商人最大的本钱。要想有健康的身体必须吃好，睡好，玩好。我们犹太人曾经遭受歧视和迫害，浪迹天涯，但并没有因此而绝灭，这与我们注重养生之术是分不开的。"

赚钱，是为了更好地休息，所以，人应该在工作之余，学会好好地休息。在成功人士的心中，解放自己的日子，才是真正的假日。如果一个人在工作之余还在为工作烦恼，或者把工作带回家做，那他是很不幸的，因为他牺牲了陪家人和休息的时间。

赚钱是为了享受，知道如何休息，才会拥有丰富的人生。

人生顿悟

君子爱财，取之有道。赚钱，不应以牺牲健康、家庭、幸福为代价。

集腋成裘，财富是细雨汇成的江河

两个年轻人一同寻找工作。

他们怀着成功的愿望，寻找适合自己发展的机会。

有一天，他们走在街上，同时看到一枚硬币躺在地上。A青年昂起头走了过去，B青年却激动地将它捡了起来。

A青年对B青年的举动露出鄙夷之色："连一枚硬币也捡，真没出息。"

B青年望着远去的A青年心中不免有些感慨："让钱白白地从身边溜走，真没出息。"

后来，他们进了同一家公司。公司很小，工作很累，工资也低；A青年没干几天，就不屑一顾地走了，而B青年却高兴地留了下来。

两年后，两人在街上相遇，B青年已成了老板，A青年还在找工作。

A青年对此十分不解，说："你这么没出息的人，怎么能这么快就发了财呢?"

B青年说:"因为我不会像你那样绅士般地从一枚硬币旁边走过去,我会珍惜每一分钱。你连一枚硬币都不要,怎么会发财呢?"

人生顿悟

人生从不会有一蹴而就的好事,财富的积累尤其如此。不要梦想一夜暴富,财富人生从点滴开始。

贪婪是让人耗尽能量也无法满足的地狱

生活中，令人失去理智的，是外界的诱惑；而最终耗尽一个人精力的，往往是他自己的贪欲。

据说，因纽特人世代相传的猎狼技巧非常特别，也极其有效。

严冬季节，他们在锋利的刀刃上涂上一层新鲜的动物血，等血冻住后，他们再往上涂第二层血；再让血冻住，然后再涂……就这样，很快刀刃就被冻血掩藏得严严实实了。然后，因纽特人把血包裹住的尖刀反插在地上，刀把结实地扎在冻土中，刀尖朝上。当狼顺着血腥味找到这种尖刀时，会兴奋地舔食刀上新鲜的冻血。融化的血液散发强烈的气味，在血腥气味的刺激下，它会越舔越快，越舔越用力，不知不觉所有的血被舔干净，锋利的刀刃暴露出来。但此时，狼已经嗜血如狂，继续猛舔刀锋，在血腥味的诱惑下，根本感觉不到舌头被刀锋划开的疼痛。

在北极寒冷的夜晚里，狼完全不知道它舔食的其实是自己的鲜血。它只是变得更加贪婪，舌头舔得更快更用力，血流得也更多，直到最后精疲力竭地倒在雪地上。

可见，贪婪是生命的深渊。

人人皆有欲望，谁不想功成名就，光宗耀祖，封妻荫子，名利双收？但怎会人人都能成功。如果对欲望过于执着，就很可能陷入欲望的旋涡中不能自拔。人的欲望越多，思虑得越多，负担也就越重，从而患得患失，活得十分辛苦，甚至失去了本性，沦为物欲的奴隶。

人总要向前看，要有必要的物质和精神追求；而面对种种诱惑，不迷失自我，不唯利是图，才能做到"有欲也刚"。

人生顿悟

因为贪婪，因为想要更多，很多人盲目追求，最终却发现，自己把原本拥有的给丢掉了。

善待金钱，才有快乐、幸福

人生在世，如何利用金钱获取幸福和快乐呢？

列夫·托尔斯泰说："财富就像粪尿一样，堆积时会发出臭味，散布时可使土地变得肥沃。"

有这样一个故事：

一天，一个拥有无数钱财的吝啬鬼去智者那儿乞求祝福。

智者让他站在窗前，让他看外面的街道，问他看到了什么，他说："人们。"智者又把一面镜子放在他面前，问他看到了什么，他说："我自己。"

智者解释说，窗户和镜子都是玻璃做的，但镜子上镀了一层银子。单纯的玻璃让我们能看到别人，而镀上银子的玻璃却只能让我们看到自己。

对金钱的贪恋，会蒙蔽人的眼光，扭曲人的灵魂，难怪有人会说贪财者"是金钱的奴隶"。

美国石油大王洛克菲勒出身贫寒，在他创业初期，人们都夸他是个好青年。当金钱如火山喷发的岩浆般流进他的口袋时，他变得贪婪，冷酷。生活在宾夕法尼亚州油田一带的居民深受其害，对他深恶痛绝，甚至做出他的木偶像，将"他"处以绞刑，或乱针扎"死"。无数充满憎恶和诅咒的威胁信涌进他的办公室。连他的兄弟也讨厌他，并特意将儿子的遗骨从洛克菲勒家族的墓地迁到别处，因为他觉得"在洛克菲勒支配下的土地内，我的儿子变得像个木乃伊"。

然而，为金钱操劳过度，致使洛克菲勒的身体变得极度糟糕。最终，医师们向他宣告了一个可怕的事实——以他身体的现状，他只能活到 50 多岁，除非改变拼命赚钱的生活状态；他必须在金钱、生命中二选一。这时，他才领悟：贪婪的魔鬼控制了他的身心。他听从了医生的建议，退休回家，开始学打高尔夫球，上剧院去看喜剧，跟邻居闲聊……经过一段时间的反省，他开始考虑将财富捐给别人。

起初，人们不愿接受他的捐赠，即使被视为宽容大度的教会也曾把他捐赠的"脏钱"退回；但诚心终归能打动人，渐渐地，人们接受了他的诚意。

1901 年，"洛克菲勒医药研究所"成立；1903 年，"教育普及会"成立；1913 年，"洛克菲勒基金会"设立；1918 年，"洛克菲勒夫人纪念基金会"设立。

洛克菲勒在自己的后半生里不做金钱的奴隶，喜爱滑冰、骑自行车、打高尔夫球。到了 90 岁，他依旧身心健康，耳聪目明，日子过得很愉快。

他逝于 1937 年，终年 98 岁。他死时，只剩下一张标准石油公司的股票，因为那是第一号，其他的产业都在生前捐给了慈善机构或分赠给继承者了。

人生顿悟

哲学家史威夫特曾说："金钱就是自由，但是大量的财富却是桎梏。"如果把金钱当作上帝，它会像魔鬼一样折磨人的身心。

对聪明人来说，教训是财富

　　教训，是痛苦后苦涩的思考，是身后不停敲响的警钟。

　　提到美国著名律师丹诺，有人说，是一次教室里的羞辱使他奋斗不息而成为那个时代美国最伟大的律师之一的。

　　丹诺5岁时，一名乡村教师因为他坐在椅子上不安分地动个不停而拧了他的耳朵，而且是在班级里当众拧了他的耳朵。在回家的路上，丹诺哭个不停。他开始憎恨无情的暴力和不公正，并发誓一生都要记住这个教训，并为此而抗争。

　　此后，他为这个5岁时许下的誓言而奋斗不止。1878年，他以出色的表现获得了律师资格。37岁任芝加哥和西北铁路法律顾问，但在美国铁路工会大罢工时，他离开了西北铁路反过来为铁路工人辩护，之后多次为劳工案件担任工人一方的辩护。人们称颂他是"正义之士""革命者""叛逆斗士"，是"被压迫者的福音"。

　　丹诺第一次代理的案件，诉讼物是一副价值仅5美元的旧马鞍。有人认为这根本不值得辩护，可是丹诺认为这牵涉一个根本的原则性问题，不公平的待遇使他尝受过受害者那种难以名状的心灵压抑，他始终认为，这种毫无公正可言的丑恶利爪具有很强的伸缩性，他要与之抗争。尽管委托方只能为此案支付 5 美元的诉讼费，丹诺还是心甘情愿地接下来，并在之后的辩护中尽职尽责。据说，这桩 5 美元的案件前前后后上了 7 个法庭，历经整整 7 年，直到丹诺一方最终胜诉。

　　从古至今，有识之士无不从自己或他人的教训之中，寻找良方，避免失误，从而获得成功和幸福。从这个意义上讲，教训无疑是可贵的财富。

人生顿悟

　　智者从别人的教训中吸取经验，寻常人从自己的教训中吸取经验，而愚者则永远不懂得从经验、教训中学习。

第七章
没有永远的失败，
只有暂时的不成功

人生并不完美，失误在所难免，应用积极的态度正视它，在小小失误的背后也许就隐藏着成功与美丽。不在困境中一蹶不振，不在逆境中放弃追寻光亮，通向成功、幸福的路上将显现你的足迹。

永远坐在最前排，锻造积极进取之心

20世纪30年代，在英国一个名不见经传的小镇里，有一个叫玛格丽特的小姑娘，她自小就受到严格的家庭教育。

父亲经常对她说："孩子，永远都要坐前排。"父亲极力向她灌输这样的观点：无论做什么事情都要力争一流，永远走在别人前头，绝不能落后于人。

"即使是坐公共汽车，你也要坐在前排。"父亲从不允许她说"我不能"或者"太难了"之类的话。

对年幼的孩子来说，他的要求可能太高了，但他的教育之后被证明是非常宝贵的。

正是因为从小就受到父亲的严苛教育，玛格丽特才有了积极向上的决心和信心。在学习、生活或工作中，她时时牢记父亲的教导，总是抱着一往无前的精神和必胜的信念，尽自己的最大努力克服困难，事事必争一流，用自己的行动实践着"永远坐在前排"。

　　玛格丽特在学校永远是最勤奋的学生，是学生中的佼佼者之一。她以出类拔萃的成绩顺利升入当时她这种出身的学生极少能进入的文法中学。

　　在玛格丽特满 17 岁的时候，她明确了自己的人生追求——从政。然而，那个时候，进入英国政坛要有一定的党派背景。她出身拥护保守党派的家庭，但想要从政，还必须要有正式的保守党关系，而当时的牛津大学就是保守党成员的最大俱乐部所在地。

　　她从小受化学老师的影响，理科成绩很不错，她认为与文科专业相比，大学里化学专业的女生很少，竞争也会小很多。认真思量后，17 岁的玛格丽特勇敢地走进文法中学的校长吉利斯小姐的办公室说："校长，我想现在就去考牛津大学的萨默维尔学院。"

　　女校长难以置信，说："什么？你是不是欠缺考虑？你现在连一节课的拉丁语都没学过，怎么去考牛津？"

　　"拉丁语我可以自学。"

　　"你才 17 岁，你必须毕业后再考虑这件事。"

　　"我可以申请跳级。"

　　"绝对不可能，而且，我也不会同意。"

　　"你在阻挠我的理想。"玛格丽特头也不回地冲出了校长办公室。

　　她回了家，得到了父亲的支持，开始了艰苦的自学备考。在提前几个月得到了高年级学校的毕业证书后，玛格丽特参加了大学考试并如愿以偿地收到了牛津大学萨默维尔学院的入学通知书。

在大学里，学校要求5年学完的拉丁文课程，她凭着顽强的毅力和拼搏精神，硬是在1年内就全部学完了，并取得了优异的考试成绩。

玛格丽特不仅在学业上出类拔萃，她在体育、音乐、演讲及学校活动方面也很出色。所以，她的大学校长这样评价她："她无疑是我们建校以来最优秀的学生之一，她总是雄心勃勃，每件事情都做得很出色。"

40多年后，这个当年对人生理想孜孜以求的姑娘终于如愿以偿，成为英国乃至整个欧洲政坛的一颗耀眼明星；她就是连续4年当选保守党党魁，并于1979年成为英国第一位女首相，执政11年之久，被称为"铁娘子"的玛格丽特·撒切尔夫人。

人生顿悟

"永远坐在前排"，不仅可以激起我们追求成功的志向，更重要的是，它还可以培养我们追求成功的信心和勇气。

困境是成功的绝佳契机

法国批判现实主义作家巴尔扎克，一生创作了大量长、中、短篇小说和随笔，他的作品对世界文学的发展和人类进步产生了巨大的影响。他被马克思、恩格斯称赞为"超群的小说家""现实主义大师"。

在成名之前，巴尔扎克经历过一段困顿和狼狈的日子，很少有人能够想象得出，那种窘迫与艰辛是怎么折磨他的。

巴尔扎克的父亲一心希望儿子当律师，在法律界有所作为；但巴尔扎克学完 4 年的法律课程后，却完全不想投身法律界，而是想当作家。因此父子关系相当紧张。

盛怒之下，父亲断了巴尔扎克的经济来源。而此时，巴尔扎克投给报社、杂志社的各种稿件被陆陆续续地退回来。他负债累累，陷入困境。

然而，他丝毫没有向父亲屈服的意思。有时候，他只能就着一杯白开水吃点干面包；但他依然乐观，对文学的热爱使他觉得没有什么困难可以阻挡自己奔向缪斯女神的脚步。

他想出一个对抗饥饿的办法：到了用餐时间，他随手在桌面画上一只只盘子，上面写上"香肠""火腿""奶酪""牛排"等字样，然后在快乐的想象中，开始"狼吞虎咽"。

为了激励自己，穷困潦倒的巴尔扎克居然花费700法郎买了一根镶着玛瑙石的粗大手杖，然后在手杖上刻了一行字："我将粉碎一切障碍。"

正是手杖上这句话支持着他。他夜以继日，不断地向创作高峰攀登。最终，他获得了巨大的成功。

困境，对于世上的巴尔扎克们，非但不是恐惧和烦恼，反而是一种祝福和契机。

人生顿悟

不在困境中一蹶不振，不在逆境中放弃追寻光亮，通往成功、幸福的路上将显现你的足迹。

勇于正视，失误也藏着成功的种子

在生活中，出现问题、失误并不可怕，重要的是你如何面对它们。

你犯了小错，如果认为这是让你抬不起头来的可耻的失误，那它就足以击败你；如果认为这是让你接近成功的可喜的预示，那它就是你按响的成功门铃，再加把劲就能跨进成功的门槛。

全球饮料巨头可口可乐的研制成功其实源于一个美丽的失误。

美国亚特兰大有一名药剂师，叫潘伯顿。他有一天突发奇想，想要研制一种令人兴奋的药。他用桉树叶作材料，做了很多努力，但成品的药效却不明显。

有一天，一位头痛病人前来医治。潘伯顿便让店员按他的方子给这位患者配药。

可是，店员给患者配药时，误将苏打水当作清水兑入了药瓶。

病人喝下后，店员才发觉配方错了，所有人都大惊失色。

但奇怪的是，病人的头痛减轻了，而且没有出现不良反应。潘伯顿如释重负。

潘伯顿因此受到了启发，把药和苏打水冲兑起来，发现这些液体芳香可口，益气提神。结果，在他的改良下，可口可乐从药品变成了饮料，风靡全世界。

一位德国工人在生产书写纸时，由于粗心弄错了配方，生产出了一大批不能书写的废纸。他被扣罚了工资，还被解雇了。

正在他灰心丧气的时候，一个朋友提醒他，这些纸难道真的没有用处？

他仔细研究这些纸，发现这些纸虽然不能书写，但是吸水性却极好，可以用来吸干器具上的水。于是，他将这批纸切成小块，取名为"吸水纸"，投放到了市场上，竟然十分抢手。后来，他申请了专利，成了大富翁。

国画大师齐白石先生，在一次作画时，不小心将一滴墨落到刚完成的画上，围观者惋惜不已。

可是，齐老先生略加思索，用笔在那墨点上轻描了几下，一只憨态可掬的小蝌蚪跃然纸上，一幅《虾戏图》又平添了几分神韵，成了备受推崇的名作。

2002 年的诺贝尔化学奖得主田中耕一，在一次实验中不小心把液体甘油倒入钴粉末中，可他并没有因这一失误沮丧，而是继续实验。最终，无心插柳柳成荫，田中耕一从中发现了可以异常吸收激光的物质，并用这一物质测定蛋白质分子，取得了让世界震惊的研究成果，获得了许多科学家梦寐以求的荣耀。

由此可见，失误中也包含着机遇，需要一双能发现它们的眼睛。

人生顿悟

人生并不完美，失误在所难免，应用积极的态度正视它，在小小失误的背后也许就隐藏着成功与美丽。

跌倒后别急着站起来，先寻找摔倒的原因

　　一个屡屡失意的年轻人千里迢迢来到普济寺，慕名寻到老僧释圆，沮丧地对他说："人生总不如意，活着也是苟且，有什么意思呢？"

　　释圆静静地听着年轻人的叹息和絮叨，末了才吩咐小和尚说："施主远道而来，烧一壶温水送过来。"

　　不一会儿，小和尚送来了一壶温水，释圆抓了茶叶放进杯子，然后用温水沏了，放在茶几上，微笑着请年轻人喝茶。

　　杯中冒出微微的水汽，茶叶静静浮着。年轻人不解地询问："宝刹这样沏茶？"

　　释圆笑而不语。年轻人喝一口细品，说："一点茶香都没有。"

　　释圆说："这可是闽地名茶铁观音啊。"

　　年轻人又端起杯子品尝，然后肯定地说："真的没有一丝茶香。"

释圆吩咐小和尚："再去烧一壶沸水送过来。"

过了一会儿，小和尚提着一壶冒着浓浓白汽的沸水进来。

释圆起身，取过一个杯子，放茶叶，倒沸水，放在茶几上。

年轻人俯首看去，茶叶在杯子里上下沉浮，<u>丝丝清香不绝</u>如缕，令人不由得口舌生津。

年轻人伸手欲端杯，释圆作势挡开，提起水壶注入一些沸水。茶叶翻腾得更厉害了，一缕更醇厚的茶香袅袅升腾，在禅房弥漫开来。

释圆这样注了5次水，杯子终于满了，那绿绿的一杯茶水，端在手上清香扑鼻，入口沁人心脾。

释圆笑着问："施主可知道，为何同是铁观音，却茶味迥异。"

年轻人思忖着说："一杯用温水，一杯用沸水，冲沏的水不同。"

释圆点头："用水不同，茶叶的沉浮就不一样。温水沏茶，茶叶轻浮水上，怎会散发清香？沸水沏茶，反复几次，茶叶沉沉浮浮，终释放四季风韵：既有春的幽静、夏的炽热，又有秋的丰盈、冬的清冽。世间芸芸众生，也和这茶一般，沏茶的水温不够，便沏不出散发诱人香味的茶水，你自己的能力不足，要想处处得力、事事顺心自然很难。要想摆脱失意，最有效的方法就是苦练内功，提高自己的能力。"

年轻人茅塞顿开，回去后刻苦学习，虚心向人求教，不久便崭露头角，被委以重任。

人生顿悟

水温够了茶自香。摔倒以后不要着急站起来，先要琢磨让你跌倒的原因。

也许是因为刚学会走路就急于奔跑，所以才会摔倒。

弯曲是一种人生境界，能屈能伸乃大丈夫气度

加拿大的魁北克有一条南北走向的山谷。这山谷没有什么特别之处，唯一引人注意的是：它的西坡长满松、柏、女贞等树，而东坡只有雪松。

这一奇异景观是个谜，人们纷纷猜测，许久没有令人信服的结论。揭开这个谜的，是一对夫妇。

1983 年的冬天，这对夫妇的婚姻濒于破裂。为了找回昔日的爱情，他们安排了一次浪漫之旅，如果能找回就继续生活，如果不能就友好分手。

他们来到这个山谷的时候，下起了大雪。他们支起帐篷，望着漫天飞舞的大雪，发现：由于特殊的风向，东坡的雪总比西坡的雪来得大，来得密集；不一会儿，雪松上就积了厚厚的一层雪。不过当雪积到一定的程度，雪松那富有弹性的枝丫就会向下弯曲，直到雪从枝上滑落。这样反复地积，反复地弯，反复地落，雪松完好无损。可其他的树，如那些柘树，因没有

这个本领，树枝被越积越厚的雪压断了。西坡雪小，不少树挺了过来，所以西坡除了雪松，还有松、柏和女贞之类。

这是帐篷中的妻子发现的，她对丈夫说："东坡肯定也长过杂树，只是不会弯曲才被大雪压毁了。"

丈夫点头称是。少顷，两人像突然明白了什么似的，激动相拥。

丈夫兴奋地说："我们揭开了一个谜——对于外界的压力要尽力承受，若实在承受不了，就弯曲一下，像雪松那样让一步，就不会被压垮。"

生活中我们承受着各种压力，压力积累到一定程度时，我们难免不堪重负。这时候，不必硬扛，像雪松那样弯下身来，顺势卸下重担，就能重新挺直；弯曲不是倒下和毁灭，而是一种处世智慧。

人生顿悟

能屈者才能伸，太刚易折。所以，为人处世，要学会能屈能伸，更要懂得顺势而为。

自我管理，人生成功的催化剂

想要处理好工作，掌握住命运，先要管理好自己。杰出者、成功者，都是卓有成效的自我管理者。

哈佛商学院的 MBA、博士帕瑞克曾说："除非你能管理自我，否则你不能管理任何人或任何东西。"

自我管理是一门科学，也是一门艺术；既是对自己人生和实践的一种自我调节，也是成就幸福人生的催化剂。

2005 年，李嘉诚在谈到自己的成功时，强调了自我管理的重要性：

"算起来，我的公司已成立 55 年，由 1950 年几个人的小公司发展成为今天在全球 52 个国家拥有超过 20 万名员工的企业……

"人生不同的阶段中，要经常反思自问，我有什么心愿？我有宏伟的梦想，但我懂不懂什么是有节制的热情？我有与命运拼搏的决心，但我有没有面对恐惧的勇气？我有信心，有机会，但有没有智慧？我自信能力过人，但有没有面对顺境、逆境都能妥当行事的心力？

"14岁，我还是个穷小子，我对自己的管理方法很简单：我必须赚取足够一家人存活的费用。我知道没有知识就改变不了命运，没有本钱更不能好高骛远，我还经常会记起祖母的感叹：'阿诚，我们什么时候能像潮州城中某某人那么富有？'

"我可不想像希腊神话中的伊卡洛斯那样，凭借蜡做的翅膀去飞，最终悲惨地坠下。于是，我一方面紧守角色，虽然当时只是小工，但我坚持把每样交托给我的事做得妥当，出色；另一方面绝不浪费时间，把剩下的每一分钱都用来购买实用的二手书。

"22岁成立公司以后，我知道光凭忍耐、任劳任怨已经不够，成功也许没有既定的方程式，失败的因子却显而易见，建立降低失败率的架构，才是走向成功的快捷方式……"

人生顿悟

科学有效的自我管理，让我们逐步走向自我完善，最大限度地激发自身潜能，实现人生的最大价值。

对成大事者而言，小事不小

人们常说，成大事者不拘小节。其实，许多的遗憾、失败往往源于小节、小事。

在日常生活中，你的一言一行都是别人衡量你人品的尺码，不能不慎重待之。生活中，若是忽略所谓的小节、小事，必将给自己的事业和人生带来障碍和麻烦。

有一家工厂，为了能引进一条生产无菌输液软管的先进流水线，通过近一年的艰苦努力，终于与技术持有方商定了引进条件。

签约的那天，在步入签字现场时，这家工厂的厂长突然咳嗽了一声，一口痰涌了上来，他看看四周，一时没能找到痰盂，便随口将痰吐在了墙角，还习惯性地用鞋底蹭了蹭。见此情景，那位精细的技术持有方代表不由得皱了皱眉。

这个小细节自然会让他担忧：输液软管是专供病人输液用的，必须绝对无菌，可西装革履的引进方厂长居然随地吐痰，该厂工人的卫生素质会如何？该厂的卫生环境会怎样？这样的管理团队、员工团队、工作环境，生产出的输液软管，怎么可能绝对无菌！这位代表当即拒绝在合同上签字——厂家近一年的努力也在转眼间前功尽弃。

人生顿悟

一件小事情、一处小细节，往往能折射出一个人的人品、素养，乃至一个团队、一个组织、一家企业的专业程度、业务水平等。小事当慎，小节当拘。

勇于突破经验，才能笑到最后

日本西武集团的总裁堤清二有一件广为流传的逸事。

有一次，堤清二了解到集团旗下有一家面包店生意不太景气，便指示其更换面包供应厂家。

于是，该店的负责人就把一直合作着的甲厂换成了另一家供货商——乙厂，店里的日营业额立时大为提高。

西武集团旗下其他面包店的负责人得知这一变化后，便打算效仿此法，把西武集团中所有由甲厂供货的面包店统统换成由乙厂供货。

堤清二得知他们的打算后十分生气，他说："你们真是一点也不懂做生意的要领。既然要把卖甲厂面包的店都换成卖乙厂的面包，那同时也得把卖乙厂面包的店都换成卖甲厂的面包吧。"

按照堤清二的指示，这些负责人把面包店的供货厂家做了调换；结果，不论是甲厂换成乙厂，还是乙厂换成甲厂，这些面包店的营业额都有不同程度的提高。原来，并不是这两家面包厂的产品在味道上或质量上有什么差别，只是顾客图新鲜罢了。

在这件事情中，西武集团的干部们只是简单地以为，把甲厂的面包换成乙家的面包就能增加营业额，并没有思考"为什么"，所以要盲目地把所有甲厂供货的店都换成由乙厂供货。其实，堤清二是对"顾客不喜欢总吃同一家的面包"的实情有所洞察，才做出了调换产品的指示。

过去的经验之所以成功，必定是有其原因的。堤清二之所以生气，正是针对部下的知其然却不知其所以然。

人生顿悟

财富总垂青有心之人。经验不等同于智慧，要重视经验，更要学会鉴别经验的优劣、真伪，洞察经验背后的关窍。

机遇是一个特别会伪装的家伙，它绝不会高喊"我来了"，但也许会趁你打瞌睡时从你身边溜过。你需要做的是时刻做好准备，擦亮眼睛观察。机遇对大众是平等的，能否抓住它，取决于你是否准备充分。

机遇 = 挑战，没有零风险的好事

两个农村青年准备到大城市打工。他们一个买了去 A 城的票，一个买了去 B 城的票，到了车站一打听才知道：A 城的人很精明，指个路都想收钱；B 城的人特别热心，见了露宿街头的人会特别同情。

去 A 城的人想，还是 B 城好，挣不到钱也饿不死，幸亏车还没到，不然就掉进了火坑。

去 B 城的人想，还是 A 城好，给人带路都能挣钱，幸亏还没上车，不然就失去了致富的机会。

最后，两个人在换票点相遇了，原本要去 A 城的那个人去了 B 城，原本打算去 B 城的那个人去了 A 城。

去了 B 城的人发现，这里果然好。他初到那里的一个月，什么都没干，竟然没有挨饿。银行大厅里的水可以免费喝，大超市里"欢迎品尝"的点心、熟食可以免费吃。

去了 A 城的人发现，这里到处是挣钱的机会。只要动动脑筋，再花点力气，就可以衣食无忧。凭着乡下人对泥土的感情和认识，他在建筑工地装了 10 包含有沙子和树叶的土，以"花盆土"的名义，向找不到泥土而又爱种花的人兜售。第一天，他就净赚 50 元。一年后，他凭着"花盆土"生意，赚了一间小小的门面。

通过总结之前走街串巷的经验，他有了一个新的发现：一些商店楼面亮丽但招牌很脏。他一打听才知道，这里的清洗公司只洗楼面不洗招牌。

他立即抓住这一商机，买了"人"字梯、水桶和抹布，用自己的小门面办起一家清洗公司，专门擦洗招牌。4 年后，他的公司有 150 多个员工，业务已发展到附近的几个城市。

不久，他坐火车去 B 城旅游。在路边，一个衣着破烂的人伸手向他乞讨，目光对视时两人都愣住了——5 年前，他们互换了火车票。

人生顿悟

机遇往往与挑战并存。如果没有迎接挑战的勇气，就会失去赢得成功的资格。

在通往成功的道路上，到处是被错失的机会

有一年，美国一些地区经济萧条，工厂和商铺纷纷倒闭，被迫低价抛售存货，价钱低到1美元可以买100双袜子。

当时，约翰·甘布士还是一家织造厂的小技师。当他把自己的积蓄用于收购低价货物时，人们都嘲笑他是个蠢材。

甘布士对别人的嘲笑漠然置之，不停地收购各工厂、商铺抛售的货物，还租了一个很大的库房存货。

他妻子劝他，不要再收购这些别人廉价抛售的东西，因为他们的积蓄有限，都是准备用作子女抚养费的，如果血本无归，那后果不堪设想。

面对妻子的忧心忡忡，甘布士笑着安慰道："3个月以后，我们就可以靠这些廉价货物发大财。"

甘布士的话似乎兑现不了。

过了10多天，那些还有存货的工厂、店铺找不到买主了，只好把所有存货运走烧掉，以此稳定市场上的物价。妻子看到

别人已经在焚烧货物，不由得焦急万分，抱怨起甘布士。面对妻子的抱怨，甘布士一言不发。

两个月后，政府出手干预，稳定了萧条地区的物价，并且大力扶持那里的工厂、商铺复业。

这时，这些地区因存货紧缺，物价飞涨。甘布士马上把自己库存的大量货物售出，一来能赚一大笔钱，二来使物价得以稳定。

他决定抛售货物时，妻子曾劝他暂时不忙出售，因为物价还在一天天飞涨。他平静地说："是抛售的时候了，再拖延一段时间，就会后悔莫及。"果然，甘布士的存货刚刚售完，物价便跌回了正常市价。他的妻子对他的远见钦佩不已。后来，甘布士用这笔赚来的钱开了5家百货商店，生意非常红火。

甘布士在一封给青年人的公开信中诚恳地说道：

"亲爱的朋友，我认为你们应该重视那万分之一的机会。因为它将给你带来意想不到的成功。有人说，这种做法是笨蛋的行径，比买奖券中奖的希望还渺茫。这种观点是失之偏颇的，因为开奖券是由别人主持，丝毫不由你主观努力；但这种万分之一的机会，却完全是靠你自己的主观努力去争取的。"

人生顿悟

　　成功者从不盲目跟随他人的脚步，他们会创造属于自己的奇迹。机遇对大众是平等的，能否抓住机遇，取决于你是否准备充分。

成功的人生，始于准确地判断并抓住机会

一个创业的年轻人在遭受了几次挫折后，有点灰心了，他茫然地靠在一块大石头上，懒洋洋地晒着太阳。

这时，一个怪物从远处走来。

"年轻人，你在做什么？"怪物问。

"我在这里等待时机。"年轻人回答。

"等待时机？哈哈……时机是什么样，你知道吗？"怪物问。

"不知道。不过，听说时机是个神奇的东西，它只要来到你身边，你就会走运，或者当上官，或者发了财，或者娶到漂亮老婆，或者……反正，美极了。"

"嗨，你连时机什么样都不知道，还等什么时机？还是跟着我走吧，让我带着你去做几件于你有益的事。"怪物说着就要来拉年轻人。

"去去去，少来这一套。我才不会跟你走呢。"年轻人不耐

烦地说。

怪物叹息着离去。

过了一会儿，一位长髯老人来到年轻人面前问："你抓住它了吗？"

"抓住它？它是什么东西？"年轻人问。

"它就是时机呀。"

"天哪，我把它赶走了！"年轻人后悔不迭，急忙站起身呼喊时机，希望它能返回来。

"别喊了。"长髯老人说，"我来告诉你关于时机的秘密吧。它是一个不可捉摸的家伙。你专心等它时，它可能迟迟不来，你不留心时，它可能就来到你面前；见不着它时，你时时想它，见着它时，你又认不出它；如果它从你面前走过时你抓不住它，那么它将永不回头，你就永远错过了它。"

人生顿悟

机遇是一个特别会伪装的家伙，它绝不会高喊"我来了"，但也许会趁你打瞌睡时从你身边溜过。你需要做的是时刻做好准备，擦亮眼睛观察。

不试不知道，机会女神垂青勇敢的人

英国皇家学会要为大名鼎鼎的琼斯教授选拔科研助手，这个消息让年轻的装订工人法拉第激动不已，赶忙到规定地点报了名；但是，临近选拔考试的前一天，法拉第却被告知，他的参选资格被取消了，因为他是一个普通工人。

法拉第气愤地找到选拔委员会理论，但委员们傲慢地说："没有办法，一个普通的装订工人想到皇家学院来，除非琼斯教授同意。"

法拉第犹豫了：如果不能见到琼斯教授，自己就没有机会参加选拔考试；但一个普通的书籍装订工人去拜见大名鼎鼎的皇家学院教授，他会理睬吗？

尽管顾虑重重，但为了自己的人生梦想，法拉第还是鼓足勇气站到了琼斯教授的家门口。教授家的门紧闭着，法拉第在门前徘徊了很久。

终于，教授家的大门被忐忑地叩响了。

门内没有声响。当法拉第准备第二次叩门的时候，门"吱呀"一声开了。一位面色红润、须发皆白、精神矍铄的老者注视着法拉第，微笑着说："门没有锁，请进。"

"您家的大门整天都不锁吗？"法拉第疑惑地问。

"干吗要锁上呢？"老者笑着说，"当你把别人关在门外的时候，也就把自己关在了屋里。我才不当这样的傻瓜呢！"这位老者就是琼斯教授。他将法拉第带到屋里坐下，聆听了这个年轻人的叙说后，写了一张字条递给法拉第："年轻人，你带着这张字条去，告诉委员会的那帮人说我已经同意了。"

经过严格的选拔考试，印刷厂的装订工法拉第出人意料地成了琼斯教授的科研助手，走进了英国皇家学院的大门。

人生顿悟

畏惧是每个人在成长过程中都会有的，它常常会限制一个人的自主性，妨碍个人的成长。其实，恐惧往往会随着我们的行动而减弱，甚至消失，所以不必太在意它的存在。

"不可能"是机会的代名词

一个信念可以造就一段传奇，一个信念可以把常人眼中的"不可能"变为"可能"。

1485 年，已移居西班牙的哥伦布极力游说国王："我从这儿向西也能到达东方，只要你们资助我。"当时，没有一个人阻止他，也没有人刺杀他，因为当时的人认为：从西班牙向西航行，不出 500 海里（926 千米），就会掉进无尽深渊；到达富庶的东方？这是绝对不可能的。

在他第一次航行成功，第二次前往的时候，不仅遇到了空前的阻力，还有人在大西洋上拦截并刺杀他。至于原因，非常简单，因为他若再去一回富庶的东方，那儿的黄金、玛瑙、翡翠、玉石、皮毛、香料，会使他富比王侯。

在法国，一个小男孩儿创办了一个专门提供玩具信息的网站。当时，没有一个人把这网站放在眼里，也没有一家同类的公司与之为敌，更没有人来找他签订行业约束条款。谁知，这个小男孩儿居然把网站做大了，他十几岁时，就通过广告收入，成了法国最年轻的百万富翁。

可见，"不可能"的另一面，就是"机会"。

因为不可能，必然谁也不去关注，谁也不去攻击，谁也不去设防；再者，不可能实现的事，一般都没有竞争对手，第一个去做的人正好可以独享红利。

另外，一般人认为不可能的事，肯定是件十分困难甚至难以想象的事。因为太难，所以畏难；因为畏难，所以根本不去问津；不但自己不去问津，甚至认为别人也不会问津。可以说，真正的大业，都是在别人认为不可能的情况下完成的。在人类一步步从过去走向未来的过程中，并没有什么不可能的事。

人生顿悟

信念坚定的强者，往往最爱人们眼中的"不可能"，因为其中潜藏着无数的机遇。

机会 = 信念 + 毅力

哲人说，对于不知怎样利用机会的人，时机又有什么用呢？

1921 年 6 月 2 日，距 1896 年第一次成功收发无线电报已整整 25 周年。对此，美国《纽约时报》发表了一篇简短的社论，其中传达了一个重要信息：现在人们每年接受的信息量是 25 年前的 50 倍。

当时，美国至少有 16 个人因这篇社论的这一信息有所反应——创办一份文摘性刊物，让人们能在浩如烟海的信息中，尽快获得自己需要的东西。这 16 个人中，有律师、作家、编辑、记者，甚至还有一位名叫瑟麦锡的国会议员，他们都认为这类刊物必定有广阔的市场。

在接下来的 3 个月内，他们都到银行存了 500 美元的法定资本金，并领取了执照。然而，当他们到邮电部门办理有关发行手续时，才了解到该类刊物的征订和发行暂时不能被代理，至少要到明年中期选举过后才会安排代理事宜。

结果，这 16 个人中，有 15 人为了免交执业税，向管理部门递交了暂缓执业的申请。只有那位叫德威特·华莱士的年轻人没有理睬这一套；他回到暂住地——纽约格林尼治的一个储藏室，和他的未婚妻一起糊了 2000 个信封，装上征订单运到邮局寄了出去。

于是，世界出版史上的一个奇迹就此诞生。今天，华莱士创办的《读者文摘》已拥有 19 种文字、50 个版本，发行范围达 160 个国家和地区，订户 1 亿多人。

这就是有想法与有信念、等待机会与创造机会的巨大差别。当机会出现在眼前时，若能牢牢掌握，十之八九可以获得成功；而能克服偶发事件，并且替自己找寻机会的人，更可以百分之百地赢得胜利。

人生顿悟

弗朗西斯·培根曾说，只有愚者才等待机会，而智者则制造机会。机会更青睐有信念、有毅力的人。

再尝试一次，幸福就在门后

许多时候，失败会接踵而至，但即便如此，你也不能放弃，不能退缩；只有采取积极进取的态度，吸取经验教训，才能克服困难，获得成功。

无论是在各种比赛和竞争中，还是在升学、求职时，我们都要在挫折面前保持积极的态度。

对幸福的追求，是人生的动力，是人生的精神支柱，是人生理想中的永恒的内容。

尽管唐代僧人鉴真5次东渡日本均以失败告终，但他不改初衷，没有就此罢休。后来，他不顾众人劝阻，训练船工，做了充分的准备，于735年，以66岁高龄，置双目失明于不顾，毅然决然第6次东渡。最后，舰队终于冲破了惊涛骇浪，成功地到达了日本。

尽管并不是人人都能够达到自己预期的目标，有的人甚至终生一事无成；但只要尽了自己的最大努力，生命就是无憾无悔的。

人生顿悟

　　成功常躲在"不可能"的门后，只要你对未来抱有希望，只要你坚持初心，勇敢面对失败，敢于尝试一次，再尝试一次，幸福就会降临到你的身上。

第九章

18岁以后，做最好的自己

也许你不能改变别人，改变世界，但你可以改变自己。有些时候，亟待改变的，或许不是环境，而是你自己。

迷信权威的人，永远喊不出自己的声音

1842年3月，在百老汇的社会图书馆里，作家爱默生的演讲打动了年轻的惠特曼："谁说美国没有自己的诗篇？我们的诗人文豪就在这儿呢……"一席慷慨激昂、振奋人心的讲话，使台下的惠特曼激动不已，热血在他的胸中沸腾。他更加坚定了自己的信念：他要渗入各个领域、各个阶层、各种生活方式；他要倾听大地的、人民的、民族的心声，去创作新的不同凡响的诗篇。

1854年，惠特曼的《草叶集》问世了。这本诗集热情奔放，冲破了传统格律的束缚，用新的形式表达了民主思想和对种种压迫的强烈抗议。它对美国和欧洲的诗歌发展产生了巨大的影响。

《草叶集》的出版使爱默生激动不已——诞生了，国人期待已久的美国诗人在眼前诞生了！他给予这些诗极高的评价，称这些诗是"属于美国的诗""有着无法形容的魔力""有可怕

的眼睛和水牛的精神"。

《草叶集》得到爱默生这样很有声誉的作家的褒扬，使得一些把它评价得一无是处的报刊换了口气，温和了许多。但是，惠特曼那创新的写法、不押韵的格式、新颖的思想内容，并非那么容易被大众所接受；因此，他的《草叶集》并未因爱默生的赞扬而畅销。不过，惠特曼已经有了更多的信心和勇气。1855年，他印了第二版，在这版中他增加了20首新诗。

1860年，当惠特曼决定再补进一些新作，印行第三版《草叶集》时，爱默生竭力劝说惠特曼删掉其中几首诗歌，否则第三版将不会畅销。惠特曼却不以为然地对爱默生说："那么删后还会是这么好的书吗？"爱默生反驳说："我没说'还'是本好书，我说删了就是本好书。"惠特曼不肯让步，他对爱默生说："在我灵魂深处，我的意念不会服从任何束缚，只会走自己的路。"第三版《草叶集》出版并获得了巨大的成功。不久，它便跨越了国界，传到世界许多地方。

人生顿悟

要有自信，然后全力以赴。

不懂得欣赏自己的人，永远得不到别人的欣赏

　　艾丽莎是个美丽的女孩，她的理想和许多妙龄女郎的理想一样：与一位潇洒的白马王子结婚，白头偕老。但她总觉得自己没有人喜欢，担心自己嫁不出去，认为别人都有这种幸福，自己却会永远被幸福拒之门外。

　　一个周末的上午，这痛苦的姑娘去求助于一位有名的心理学家。她被请进了心理学家的办公室。心理学家打量着这个忧郁的女孩，她的眼神呆滞而绝望，声音仿佛来自墓地。她的整个身心都好像在对心理学家哭泣着："我已经没有指望了。我是世界上最不幸的女人。"

　　心理学家请艾丽莎坐下，跟她谈话，心里渐渐有了底。最后，他对艾丽莎说："艾丽莎，我会有办法的，但你得按我说的去做。"他要艾丽莎去买一套新衣服，再去修整一下自己的头发，打扮得漂漂亮亮的，在之后的星期一参加他家的晚会。

　　艾丽莎还是闷闷不乐，她对心理学家说："就是参加晚会

我也不会快乐。谁需要我？我能做什么呢？"心理学家告诉她："你要做的事很简单，就是帮助我照料客人，代表我欢迎他们，向他们致以最亲切的问候。"

星期一这天，艾丽莎打扮漂亮，到心理学家的家里参加晚会。按照心理学家的吩咐，她尽职尽责地照料客人，一会儿和客人打招呼，一会儿帮客人端饮料。整个晚会，她忙个不停，完全忘记了自己的痛苦。她眼神明亮，笑容可掬，成了晚会上的一道彩虹，晚会结束时，有3位男士自告奋勇要送她回家。

在随后的日子里，这3位男士热烈地追求艾丽莎，她选中了其中的一位，让他给自己戴上了订婚戒指。不久，在艾丽莎的婚礼上，有人对这位心理学家说："你创造了奇迹。""不，"心理学家说，"是她自己创造了奇迹。人不能总想着自己，怜惜自己，应该多想着别人，体恤别人，艾丽莎懂得了这个道理，所以变了。所有的女人都能创造这个奇迹，只要你想，你就能让自己变得美丽。"

人生顿悟

学会发现自己的优点，这是我们共同的义务，也是寻找自身优势、挖掘自身潜能的重要方式。

改变世界，从改变自己开始

在威斯敏斯特教堂的地下室里，英国圣公会主教的墓碑上刻着这样一段话：

当我年轻自由的时候，我的想象力没有任何局限，我梦想改变这个世界。当我渐渐成熟明智的时候，我发现这个世界是不可能改变的，于是我将眼光放得短浅了一些，那就只改变我的国家吧。

但是我的国家似乎也是我无法改变的。

当我到了迟暮之年，抱着最后一丝努力的希望，我决定只改变我的家庭、我亲近的人。但是，唉！他们根本不接受改变。

现在，在临终之际，我才突然意识到：如果起初我只改变自己，接着我就可以依次改变我的家人；然后，在他们的激励下，我也许就能改变我的国家。再接下来，谁又知道呢，也许我连整个世界都可以改变。

这段墓碑上的铭文令人深思。

别说命运对你不公，其实每个人都能有美好的未来，只是看你能不能把握住自己。有的人用习惯的力量让自己抓住了命运的手；有的人虽然最初与美好相距较远，但是他们改变了自己，走上了通往幸福的正途。

原一平，在日本被誉为"推销之神"，但其实他小的时候以脾气暴躁、调皮捣蛋、叛逆顽劣而恶名昭彰，被乡里人视为"无药可救的小太保"。

在原一平年轻时，有一天，他来到东京附近的一座寺庙推销保险。他口若悬河地向一位老和尚介绍投保的好处。老和尚一言不发，很有耐心地听他把话讲完，然后以平静的语气说："听了你的介绍之后，丝毫引不起我的投保兴趣。年轻人，先努力改造自己吧。""改造自己？"原一平不明所以。"是的，你可以去诚恳地请教你的客户，请他们帮助你改造自己。我看你有慧根，倘若你按照我的话去做，他日必有所成。"

从寺庙里出来，原一平一路思索着老和尚的话，若有所悟。接下来，他组织了专门针对自己的"批评会"，请同事或客户吃饭，目的是让他们指出自己的缺点。

原一平把那些可贵的逆耳忠言一一记录下来。通过一次次的"批评会"，他把自己身上那一层又一层的劣根性一点点地剥掉了。

与此同时，他总结出了39种含义不同的笑容，并一一列出各种笑容要表达的心情与意义，然后对着镜子反复练习。

最终，他成功了，被誉为"练出价值百万美金笑容的小个子"；美国著名的成功学作家奥格·曼狄诺称他为"世界上最伟大的推销员"。

"我们这一代最伟大的发现，是人类可以由改变自己而改变命运。"原一平用自己的行动印证了这句话。

人生顿悟

也许你不能改变别人，改变世界，但你可以改变自己。有些时候，亟待改变的，或许不是环境，而是你自己。

希望自己将来做什么，就要用那样的身份来要求自己

约翰·肯尼迪的父亲从小就注意对儿子独立精神的培养。有一次，他赶着马车带儿子出去游玩，但马车在一个拐弯处速度太快，小肯尼迪被甩了出去。

当马车停住时，儿子以为父亲会下来把他扶起来，但父亲却坐在车上悠闲地看着风景。

儿子叫道："爸爸，快来扶我。"

"你摔疼了吗？"

"是的，我感觉自己站不起来了。"儿子带着哭腔说。

"那也要坚持站起来，重新爬上马车。"

儿子挣扎着自己站了起来，摇摇晃晃地走近马车，艰难地爬了上来。

父亲摇动着鞭子问："知道我为什么让你这么做吗？"

儿子摇了摇头。

父亲接着说："人生就是这样，跌倒，爬起来，奔跑；再

跌倒，再爬起来，再奔跑。跌倒了就得自己起来，不要等着别人来扶你。"

从那时起，父亲更加注重对儿子的培养，如经常带着他参加大型社交活动，教他向客人打招呼，道别，以及与不同身份的客人交谈，诸如此类。

有一位客人问小肯尼迪的父亲："他还这么小，您这么要求他，是不是太难为他了？"

谁料他立刻回答："哦，我这是在训练他当总统呢。"

人生顿悟

选择自己的人生，把握自己的命运，依靠自己去成功。

幸福不能奢望他人给予。强者时刻都会紧握手中的方向盘，做人生的主宰。

练就出色的自制力，才禁得住诱惑

有人做过这样一个实验：让一群孩子分别独自走进一个空荡荡的大厅，在大厅最显著的位置准备了一块软糖。测试者对每一个将要走进去的孩子说："如果你能坚持到我回来时还没把这块软糖吃掉，将会得到奖励——再给你一块软糖，也就是说，你将得到两块软糖。但是，如果你没等我回来就把糖吃掉了，那么你只能得到这一块。"

实验开始，孩子们依次走进大厅。

实验结果发现：有些孩子缺乏控制能力，受不了糖的诱惑，不等测试者回来就把糖吃掉了。另外一些孩子则牢牢记住了先前测试者所讲的话，认为自己只要多坚持一会儿，就可以得到两块糖，于是，尽量控制住自己。为了不受眼前这块糖的诱惑，他们不约而同地努力转移自己的注意力，有的唱歌，有的蹦蹦跳跳，有的干脆趴在桌子上睡觉，坚持不看那块软糖，一直等到测试者回来。

于是，他们得到了奖励——第二块软糖。

测试者对这些孩子进行了长期的跟踪调查。结果发现，在他们长大以后，那些只得到一块糖的孩子普遍没有得到两块糖的孩子取得的成就大。

人生顿悟

人的一生要经历许多纷繁复杂的诱惑，选择的主动权在我们自己手中。记得千万不要滥用权力，因为有些诱惑需要我们付出沉重的代价，所以还是让自制力先行吧。

第十章

成功要趁早

　　既然已经有了梦想，就立即为之积极行动；你与梦想之间的距离，也许并不像你想象得那么远。

想到更要做到，积极行动才是实现梦想的捷径

安妮是大学艺术团的舞台剧演员。在一次校际演讲比赛中，她向人们宣告了她的梦想：大学毕业后，先去欧洲旅游一年，然后成为纽约百老汇的优秀主角。

当天下午，安妮的心理学老师找到她，问道："你今天去百老汇跟毕业后去有什么差别？"安妮仔细一想："是呀，大学生活并不能帮我争取到去百老汇工作的机会。"于是，安妮决定一年以后就去百老汇闯荡。

这时，老师又冷不丁地问她："你现在去跟一年以后去有什么不同？"安妮苦思冥想了一会儿，对老师说，她决定下学期就出发。老师又问："你下学期去跟今天去，有什么不一样？"安妮有些明白了，想想那个金碧辉煌的舞台，她决定下个月就去百老汇。

老师乘胜追击："一个月以后去跟今天去有什么不同？"安妮心潮澎湃，情不自禁地说："好，给我一个星期的时间准备

一下，之后我就出发。"老师步步紧逼："所有的生活用品在百老汇都能买到，你一个星期以后去和今天去有什么差别？"

安妮双眼含泪地说："好，我明天就去。"老师赞许地点点头，说："我已经帮你订好明天的机票了。"第二天，安妮就飞赴世界级的艺术殿堂巅峰——美国百老汇。当时，百老汇的制片人正在筹备一部经典剧目，来自不同国家的几百名艺术家应征主角。当时的招聘步骤是：先挑出 10 个左右的候选人，然后，每人按剧本的要求演绎一段主角的对白。这意味着要经过百里挑一的两轮艰苦角逐才能胜出。安妮到了纽约后，并没有急着去漂染头发，买靓衫，而是费尽周折从一个化妆师手里要到了剧本。之后的两天，安妮闭门苦读，悄悄演练。面试那天，安妮是第 48 个出场的，当制片人要她介绍自己的表演经历时，安妮粲然一笑，说："我可以给您表演一段原来在学校排演的剧目吗？就一分钟。"制片人首肯了。当制片人听到传进自己耳朵的声音时，发现竟然是将要排演的剧目对白，而且，面前的这个姑娘感情如此真挚，表演如此惟妙惟肖。他又惊又喜，当即通知工作人员结束面试，主角就是安妮了。就这样，安妮在抵达纽约后的第一个星期里就成功地进入了百老汇，并担任主角。

人生顿悟

　　既然已经有了梦想，就立即为之积极行动；你与梦想之间的距离，也许并不像你想象得那么远。

事业从点滴努力开始，成功源自一份坚持

毕业 10 年后，大学同班同学聚会。

当年一起坐在教室里听讲的学子，如今有了很大的差别：有的当了处长、局长，有的成了博士、教授、作家，或公司高管；也有的被下岗分流，为了生计，或摆小摊，或送外卖，或开网约车，或在小企业做底层职员；还有的做生意赔了本欠了债。

有些人不服气，感叹这世道太不公平；愤懑之下，他们结伴拜访当年的班主任，想听听恩师的评议。

班主任只是一笑，然后出了一道题：10 减 9 等于几？

班主任见学生一个个直眉瞪眼的，便问："你们会打保龄球吗？保龄球的规矩是，每局 10 个球，每个球得分是从 0 到 10。这 10 分和 9 分的差别可不是 1 分。因为打满分的要加下一个球的得分，如果下一个球也是 10 分，加上就成了 20 分。20 与 9 的差别是多少？如果每一个球都打满分，一局就是 300

分。当然，300太难，但高手打270、280却是常有的。假如你每一个球都差一点，都是9分，一局最多才90分。那这90与270、280的差距是多少？"

班主任继续说："你们当初毕业的时候，差距也就是10分与9分，不大。但是，这以后，有的人继续努力，毫不松懈，10年下来，他会取得多大的成绩。如果你还是8分、9分地干，甚至4分、5分地混，10年下来，你得落下多大距离？"

几个学生恍然大悟，羞愧难当。

人生顿悟

渴求成功，并坚持为之付出10分努力的人，必然更早成功，越来越成功。向往成功，却缺乏追求成功的行动，得过且过，放任自流，只会离成功越来越远。

能负起责任，才担得大任

日本学者高桥敷在《丑陋的日本人》一书中，详细记述了下面这个真实的故事。

当年，高桥敷在秘鲁一所大学任客座教授，与一对来自美国的教授夫妇比邻而居。有一天，这对夫妇的小儿子不小心将足球踢到了高桥敷的家门上，一块花色玻璃被打碎了。

发生了这样的事情，高桥敷和他的夫人按照东方人的思维习惯，想着那对美国夫妇会很快登门赔礼道歉。然而，他们想错了。

那对夫妇在儿子闯祸之后，根本就没有出现。

第二天一大早，那个孩子独自一人，在出租车司机的帮助下，送来了一块玻璃。小家伙彬彬有礼地说："叔叔，对不起。昨天我不留神打碎了您家的玻璃，因为商店已经关门了，所以没能及时赔偿。今天商店一开门，我就去买了这块玻璃。请您收下它，也希望您能原谅我的过失。请您相信我，这种事情再也不会发生了。"

当然，高桥敷夫妇不仅原谅了他，而且喜欢上了这个懂礼貌的孩子，他们邀请孩子共进早餐，还送给他一袋日本糖果。

他们以为事情就此画上了句号，但出人意料的是，那孩子拿着那袋糖果回家之后，美国教授夫妇却出面了——他们将那袋还没有开封的糖果还给了高桥敷夫妇，并且解释了不能接受的理由：一个孩子在闯了祸后，不应该得到奖励。

在他们看来，孩子应当学会对自己行为的后果担负起他所能负的责任。这孩子打碎了邻居的玻璃，为了赔偿这块玻璃他几乎花掉了自己存下的所有零花钱。他不会得到父母一分钱的"财政补贴"。如果钱不够的话，父母可以考虑借钱给他，但他必须有自己的还款计划。之所以这样做，是为了让他为自己的过失负起责任；只有这样，他才能懂得责任的意义，并学会如何承担自己的责任。

人生顿悟

马丁·路德·金深谙这一原则的价值。他说，尽管人们的能力、背景甚至选择都各不相同，但都可以出色地完成身边的小事。

不可贪蝇头小利，免得为日后的生活设置障碍

清康熙年间，北京城内延寿寺街上廉记书铺的店堂里，一个书生模样的青年站在离收款台不远的书架旁看书。这时，收款台前一个少年拿着一本《吕氏春秋》正在付书款，他的一枚铜钱掉地滚到这个青年的脚边，青年悄悄扫视了一下周围，确认没人注意他，便迅速挪动右脚，把铜钱踩在脚底。等到那少年付完钱离开店堂后，这个青年就俯身拾起了铜钱。

凑巧，这个青年扫视四周、踩钱、取钱的一系列举动，被店堂里边坐在凳上的一位老翁看见了。他盯着这个青年许久，然后站起身来走到青年面前，同青年攀谈，得知他叫范晓杰，还了解了他的家庭情况。原来，范晓杰的父亲在国子监任助教，他跟随父亲到了北京，在国子监读书多年。今天偶尔走过延寿寺街，见廉记书铺的书价比别的书店低廉，所以进来看看。老翁冷冷一笑，就告辞离开了。

后来，范晓杰以监生的身份进入誊录馆工作，不久，他到

吏部应考并通过，被选派到江苏常熟县任县尉官职。

范晓杰高兴极了，水陆兼程南下上任。

到了南京的第二天，他先去常熟县的上级衙门江宁府投帖报到，请求谒见上司。当时，江苏巡抚大人汤斌就在江宁府衙，他收了范晓杰的名帖，没有接见。

范晓杰只得回到驿馆歇下。第二天去，又得不到接见。这样一连 10 天。

第 11 天，范晓杰耐着性子又去谒见，威严的府衙护卫向他传达巡抚大人的命令："范晓杰不必去常熟县上任了，你的名字已经写进被弹劾的奏章，你要被革职了。"

"大人，弹劾我，我犯了什么罪？"范晓杰又惊又怕。

"贪钱。"护卫从容地回答。

范晓杰听了大吃一惊，自忖："我还没有到任，怎么会有贪污的赃证？一定是巡抚大人弄错了。"他急忙请求当面向巡抚大人陈述，澄清事实。

护卫进去禀报后，又出来传达巡抚大人的话："范晓杰，你不记得延寿寺街上书铺中的事了吗？你当秀才的时候尚且为了偷捡一枚铜钱不顾廉耻，今天侥幸当上了地方官，以后能不绞尽脑汁贪污变成头戴乌纱的强盗吗？马上解下官印离开这里。"

范晓杰这才想起那时在廉记书铺里遇到的老翁，原来他就是巡抚大人汤斌。

人生顿悟

　　为人处事，尤其是谋划大业必须有高瞻远瞩的眼光。为了眼前的蝇头小利就行苟且之事，其人品德行必然卑劣。正如孔子所言："君子喻于义，小人喻于利。"

做事不宜草率，但过分谨慎就会束缚手脚

　　吉恩快 40 岁了，他受过良好的教育，有一份稳定的会计工作，一个人住在芝加哥。他最大的心愿就是早点结婚。他渴望爱情、友谊、甜蜜的家庭、可爱的孩子以及种种相关的事。他有几次差点就结婚了，有一次只差一天就结婚了。每次临近婚期，都因吉恩不满他的女朋友而作罢。

　　有一件事可以证明这一点。两年前，吉恩终于找到了梦寐以求的好女孩，她端庄大方，聪明漂亮又体贴。但是，吉恩对于婚姻过于谨慎，他还要证实这件事是否十全十美。有一个晚上，当他们讨论婚姻大事时，未婚妻突然说了几句坦白的话，吉恩听了有点懊恼。

　　为了确定他是否已经找到理想的对象，吉恩绞尽脑汁写了一份长达 4 页的婚约，要未婚妻签字同意以后才结婚。这份文件又整齐，又漂亮，看起来冠冕堂皇，内容包括他能想到的每一个生活细节。其中有一部分是宗教方面的，里面提到了要去

哪一个教堂，去教堂的次数，每次捐出多少奉献金；另一部分与孩子有关，提到他们一共要生几个小孩，在什么时候生。

他把他们未来的朋友、他太太的职业、将来住在哪里以及收入如何分配等，都仔仔细细地计划好了。在文件末尾又花了半页的篇幅详列未婚妻必须戒除和必须养成的习惯，如戒掉抽烟、喝酒，适当化妆、娱乐，等等。

未婚妻看完这份婚约，勃然大怒，她不但把它退回，而且附了一张便条，上面写道："普通的婚约上有'有福同享，有难同当'这一条，对任何人都适用，当然对我也适用。我们从此一刀两断。"

当吉恩向朋友谈起此事时说："你看，我只是写一份同意书而已，又有什么错？婚姻毕竟是终身大事，你不能不谨慎啊。"

人生顿悟

有些事不必三思而后行，孔子说"再，斯可矣"，就是说思考两次就可以了。过于谨小慎微，难免会束缚手脚。

怕苦，苦一辈子；不怕苦，苦半辈子

　　拿破仑出生在一个穷困的科西嘉没落贵族家庭。

　　在父亲的安排下，拿破仑9岁就到法兰西共和国布里埃纳军校接受教育。他的同学都很富有，他们中的一些人大肆嘲讽他的穷苦。对此，拿破仑非常愤怒，却一筹莫展，不得不屈服在这些富家子的威势之下。就这样，他隐忍了5年。但是，这期间的每一次嘲笑，每一次欺侮，每一次轻视，都使他暗下决心，发誓要做成大事给他们看看，以此证明他其实比他们优秀得多。

　　他经常避开同学，躲进图书馆，如饥似渴地研究科西嘉的历史地理。他对伏尔泰、卢梭等人的书很感兴趣。

　　他在16岁当上少尉那年，遭受了另外一个打击，那就是他父亲的去世。由于哥哥约瑟夫既无能又懒惰，家庭的重担就落在了拿破仑身上。在那以后，他不得不从极少的薪金中，省出一部分来给母亲。当他接受第一次军事征召时，必须步行到遥远的发隆斯去部队报到。

他加入部队之后，发现其他人都将闲暇时间用于追求女人和赌博。他那不受人欢迎的性格使他无法保住以前那个职位，同时，他的贫困也使他失掉了再次争取到的职位。于是，他改变策略，用埋头读书的方法给自己加分。

当时，读书对他而言，和呼吸一样自由，因为他可以不花钱在图书馆里借书读，这使他有了很大的收获。

他不读没有意义的书，也不读消遣解闷的书，他只读能帮助自己实现理想的书。他下定决心要让全天下的人知道自己的才华。

他住在一个既小又闷的房间内，在这里，他脸无血色，孤寂，沉闷，但他却在不停地读书。

通过几年的学习，他摘抄下来的记录，仅后来印刷出来的就有400多页。他想象自己是总司令，将科西嘉岛的地图画出来，地图上清楚地指出哪些地方应当布防，这是用数学的方法精确地计算出来的。因此，他的数学才能迅速提高。

他的长官发现了拿破仑的演算能力，便派他在操练场上执行一些任务，这需要很强的计算能力。他的工作做得极好，于是他有了更多的表现机会，开始走上通往权势的道路。

从前嘲笑他的人，现在都抢着到他面前来，想分享他得到的奖金；从前轻视他的人，现在都希望成为他的朋友；从前揶揄他矮小、无用、死用功的人，现在都打心里敬重他。他们都变成了他的忠心拥戴者。

人生顿悟

没有什么人能随随便便就平步青云。成功的背后隐藏着许多不为人知的辛酸与苦楚，个中滋味也许只有当事人自己最清楚。

没有人能掌控你的命运，除非你拱手相让

　　小学六年级的时候，琼斯考试得了第一名，老师送给他一本《世界地图》，他很高兴，跑回家就开始看这本《世界地图》。很不幸，那天轮到琼斯为家人烧洗澡水。他一边烧水，一边看地图。看到一张埃及地图时，他便想着埃及很好，埃及有金字塔，有埃及艳后，有尼罗河，有法老王，有很多神秘的东西，于是暗暗发誓长大以后一定要去埃及。

　　正当他看得正入神的时候，突然有人从浴室冲出来，胖胖的，围着一条浴巾，用很大的声音跟他说："你在干什么？"

　　他抬头一看，原来是爸爸。琼斯说："我在看地图。"

　　爸爸很生气，说："火都灭了，看什么地图。"

　　琼斯说："我在看埃及的地图。"

　　父亲跑过来，"啪、啪"给了他两个耳光，然后说："赶快生火，看什么埃及地图。"紧接着又踢了他屁股一脚，把他踢到火炉旁边，绷着脸对他说："我保证，你这辈子不可能到那

么遥远的地方。赶快生火！"

琼斯看着爸爸，呆住了，心想："他怎么给我这么奇怪的保证？真的吗，我这一生真的不可能去埃及吗？"

20年后，琼斯第一次出国去的就是埃及。他的朋友们问他到埃及干什么，那时候还没开放观光，出国是很难的。他说："因为我的生命不能被别人设定，所以我要去埃及旅行。"

这一天，琼斯坐在金字塔前面的台阶上，买了张明信片寄给他爸爸。他写道："亲爱的爸爸，我现在在埃及的金字塔前面给你写信。记得小时候，你打了我两个耳光，踢了我一脚，说我不可能到这里，可我现在就坐在这儿给你写信。"

他爸爸收到明信片时跟他妈妈说："哦，这是哪一次打的，怎么那么有效？一脚踢到埃及去了。"

人生顿悟

你是自己的设计师，是成龙还是成虫，全在自己。

做一个对自己的生命充满激情和幻想的人，就会不断地超越自己，达到一个又一个高峰，拥有绚丽多彩、跌宕多姿的人生。

图书在版编目（CIP）数据

　　每天懂点人情世故 / 融智编著 . -- 北京 : 中国民族
文化出版社有限公司 , 2023.10
　　ISBN 978-7-5122-1738-6

　　Ⅰ . ①每… 　Ⅱ . ①融… 　Ⅲ . ①人际关系学－青年读物
Ⅳ . ① C912.11-49

　　中国国家版本馆 CIP 数据核字（2023）第 138814 号

每天懂点人情世故

MEITIAN DONGDIAN RENQING-SHIGU

编　著	融智
责任编辑	赵卫平
责任校对	李文学
装帧设计	冬　凡
出 版 者	中国民族文化出版社　地址：北京市东城区和平里北街 14 号 邮编：100013　联系电话：010-84250639 64211754（传真）
印　装	三河市燕春印务有限公司
开　本	880 mm × 1230 mm　32开
印　张	5.5
字　数	121千
版　次	2023 年 10 月第 1 版
印　次	2023 年 10 月第 1 次印刷
标准书号	ISBN 978-7-5122-1738-6
定　价	35.00 元